Silvia Regelein

Der Sommer

in Geschichten und Gedichten

Texte und Unterrichtsideen für die 1. und 2. Klasse

Materialien für den Unterricht

Hase und Igel®

Inhalt

www.hase-und-igel.de
Lektorat: Mareike Pfister
Illustrationen: Ulrike Baier, Satz: Appel Grafik München GmbH
Druck: Joh. Walch GmbH & Co. KG, Augsburg

ISBN 978-3-86316-374-7

Vorwort

Bereits im Frühling freuen sich die Kinder auf den Sommer. Sie können es kaum erwarten, wieder barfuß zu laufen, eine Sandburg zu bauen, im Wasser zu planschen oder gar mit einem Boot zu fahren. Auf der Wiese blühen Blumen in vielen Farben. Im Garten lassen sich Kirschen und leckere Beeren ernten. Der Wald lädt zu interessanten Beobachtungen und zum Spielen ein. Und schließlich locken die Ferien mit mancherlei Überraschungen.

Greifen Sie diese schöne Jahreszeit im Deutschunterricht auf, um die Kinder mit einladenden Texten ans Lesen heranzuführen. Dieser Band vereint unterschiedliche Texte rund um den Sommer – mal spannend, mal lustig, mal vom Sachthema her interessant und dabei immer motivierend. Sie finden vielseitiges Material für das erste und zweite Schuljahr, mit dem die Schüler nach Kenntnis der Laut-Buchstaben-Zuordnung basale Lesefertigkeiten auf der Silben- und Wortebene sowie auf der Satz- und Textebene individuell üben und weiterentwickeln können.

Die altersgerechten Geschichten und Gedichte regen dazu an, den Sommer in der Natur zu entdecken, zu beobachten und ins Klassenzimmer zu bringen. Mit Blick auf die Lehrpläne werden jahreszeitliche Erscheinungen des Wetters und in der Natur, das Aussehen und die Vielfalt von typischen Pflanzen und Tieren sowie Verhaltensregeln aufgegriffen, die besonders im Sommer relevant sind.

Jedes Kapitel gliedert sich in zwei Teile: Im Lehrerteil finden Sie Hinweise zum Einsatz der Kopiervorlagen, Lösungen, Anregungen zur Unterrichtsgestaltung und Vertiefung sowie Hintergrundinformationen zu einzelnen Themen. Die Kopiervorlagen für die Kinder lassen sich meist unmittelbar ohne aufwendige Erklärung einsetzen. Viele eignen sich auch als Zusatzaufgabe und zur Differenzierung.

Die Aufgaben sprechen unterschiedliche Leseniveaus an, damit niemand zurückbleibt: Kurze, sprachlich einfache Texte richten sich an leseschwächere Kinder. Längere Texte sorgen dafür, dass gute Leser nicht unterfordert werden.

Die fünf Kapitel zeigen die Schwerpunkte dieses Bandes:

1. Kapitel: Sommerwörter und Kurztexte
Im Mittelpunkt steht das Üben der Lesetechnik an überschaubaren Einheiten. Die Dominokarten stellen Tiere auf der Wiese vor. Auf weiteren Arbeitsblättern trainieren die Kinder das schnelle Lesen von kurzen Sommerwörtern, zusammengesetzten Nomen und Zungenbrechern. Kurztexte wie Tierrätsel, Kartengrüße, Scherzfragen und Witze fördern sinnentnehmendes Lesen und bringen Schwung und Spaß ins Klassenzimmer.

2. Kapitel: Gedichte und Lieder
Gedichte ermöglichen wegen ihrer überschaubaren Form auch weniger geübten Lesern Erfolgserlebnisse. Beim wiederholten Lesen und Auswendiglernen lyrischer Texte erfahren die Schüler die Vielfalt von Gedichten: Neben den gewohnten, sich reimenden Versen lernen sie auch Formen ohne Reim kennen, z. B. Vier-Wörter-Gedicht, Elfchen und Haiku. Das Schreiben eigener lyrischer Verse fördert Sprachverständnis und Kreativität. Lieder motivieren zum gemeinsamen Singen und zu Pantomimen.

3. Kapitel: Märchen und Geschichten
Erzählende, literarische Texte fördern das Mitdenken beim Handlungsverlauf (Kopfkino) und führen zu mehr Empathie und sprachlicher Kreativität. Dabei lassen sich Strategien zum sinnentnehmenden Lesen entwickeln, z. B.: überflüssige Wörter im Text streichen, Textstellen kennzeichnen (Beleglesen), einen Text fortsetzen, Fragen beantworten, Wörter einsetzen, Vorwissen notieren oder zutreffende Aussagen ankreuzen.

4. Kapitel: Szenische Texte
Die Texte des vierten Kapitels regen zum Lesen mit verteilten Rollen (Lesetheater), zum Einfügen eigener Ideen und zum szenischen Darstellen an. Im Lehrerteil finden sich ausführliche Hinweise, wie Sie schon im ersten und zweiten Schuljahr eine eindrucksvolle Klassen- oder Schulaufführung auf die Bühne bringen können.

5. Kapitel: Sachtexte
Informationstexte dienen dem Erweitern des Sachwissens und der Kompetenz, Zusammenhänge herzustellen. Das fünfte Kapitel stellt alters- und jahreszeitengerecht Sachthemen der Lehrpläne in den Vordergrund. Um Sachtexten Informationen entnehmen zu können, ist genaues Lesen essenziell. Beim Ordnen von Beobachtungen, Zuordnen von Bild und Text, Ergänzen von Lückentexten, Fortführen von Sätzen, Lösen von Rätseln oder auch beim Beantworten von Fragen üben die Kinder das sinnentnehmende Lesen. Zwei leckere Rezeptideen motivieren zum Ausprobieren. Ein Sommerquiz rundet eine gelungene Unterrichtseinheit ab.

Ich wünsche Ihnen und Ihren Schülern viel Erfolg und Sommerfreude mit diesem Band!

Silvia Regelein

1. Kapitel: Sommerwörter und Kurztexte

Vorbemerkung

Die Lesekompetenz der Schüler ist gerade in den ersten beiden Jahrgangsstufen höchst unterschiedlich ausgeprägt: Manche können kurze Texte bereits gut erfassen, während andere mit unsicherer Buchstabenkenntnis selbst auf Wortebene überfordert sind.

Lesefertigkeit umfasst nicht nur genaues Lesen, sondern auch angemessen schnelles und somit flüssiges Lesen als Grundlage für das Erschließen von Texten. Lesegenauigkeit erfordert das präzise Dekodieren, um den Sinn zu verstehen. Die in diesem Kapitel angebotenen Sprachspielereien fördern die Lesegenauigkeit und vermitteln Freude am experimentellen Gebrauch von Sprache und Schrift. Wortwiederholungen steigern das Lesetempo als Voraussetzung zur Sinnentnahme. Gleichzeitig werden der Wortschatz erweitert und das Sprachgefühl verbessert. Lustige Textsorten wie Zungenbrecher und Witze sowie der Rätselcharakter vieler Seiten motivieren verstärkt zum Lesen. Während unsichere Leser Seiten wie das Domino (Seite 10) oder die Sommerwörter (Seite 12) bearbeiten, lesen gute Leser die Zungenbrecher (Seite 16) oder Scherzfragen (Seite 17) und tragen sie den schwachen Lesern vor.

Lehrplanbezug

Deutsch
- auf Buchstabenebene
  - Wörter synthetisierend erlesen
  - Wörter nach dem Abc ordnen
  - Wörter mit doppeltem Mitlaut einprägen

- auf Wortebene
  - den Wortschatz erweitern
  - Reimwörter erkennen
  - unterschiedliche Betonungen erkennen
  - Wort und Bild zuordnen
  - Wörter in Silben, Wortbausteine und Einzelwörter zerlegen
  - Wortschriftbilder automatisieren
  - das Lesetempo steigern

- auf Satzebene
  - einfache Sätze sinnverstehend lesen
  - Sätze sukzessiv erweitern und flüssig lesen
  - Fragesätzen die richtige Antwort zuordnen

- auf Textebene
  - Rätseln die Lösung zuordnen
  - Kurzdialog betont lesen und wiedergeben

Sachunterricht
- sommerliche Veränderungen des Wetters und in der Natur bewusst wahrnehmen
- heimische Pflanzen und Tiere kennenlernen und Wertschätzung entwickeln

Zu den Kopiervorlagen

„Lesen mit dem Stift“:
unklare Wörter unterstreichen
Das „Lesen mit dem Stift“ ist eine wichtige Lesetechnik zur gezielten Informationsentnahme und sollte immer wieder explizit geübt werden: Oft ist den Schülern nicht bewusst, dass sie ein Wort nicht verstehen, und sie lesen darüber hinweg. Stellen Sie deshalb zunächst nach jedem gelesenen Text die Aufgabe: „Welche Wörter sind dir unklar? Unterstreiche sie.“ Allmählich lernen die Kinder die grundlegende Strategie, von selbst in einem Text unklare Wörter zu unterstreichen und von sich aus nachzufragen. Später schreiben sie unklare Wörter nach dem stillen Lesen an die Tafel. Kinder, die nach einem schon angeschriebenen Wort fragen möchten, machen an der Tafel dahinter einen Strich. Indem sich diejenigen, die das Lesen beendet haben, eine Erklärung zu den Wörtern überlegen, lassen sich unterschiedlich lange Stilllesezeiten gut überbrücken.

KV Seite 10

Domino: Tiere auf der Wiese
In einer Gesprächsrunde nennen die Kinder Tiere, die auf der Wiese leben, und erzählen, was sie über diese schon wissen. Sammeln Sie die Tiernamen an der Tafel. Anschließend haken die Schüler dort die auf dem Arbeitsblatt genannten Tiere ab oder schreiben sie dazu. Nach dem Ausschneiden und Anlegen der Karten lesen sie die Sätze vor, nennen unklare Wörter und unterstreichen gegebenenfalls ihnen bisher unbekannte Tiere.

Die Kopiervorlagen lässt sich gut mit den Seiten „Rätsel: Tiere auf der Wiese“ (Seite 14), „Welche Wiesenblume bin ich?“ (Seite 64) sowie „Die Wiese“ (Seite 76) kombinieren.

KV Seite 11

Sommeranfang
Die Folge von betonten und unbetonten Silben in einem Vers bestimmt dessen Rhythmus. Um das Erkennen der richtigen Betonung bei der zweiten Aufgabe zu erleichtern, sprechen Sie die Blumennamen zunächst mit falscher Betonung vor, z. B.: Ro-<u>se</u>. Dass das falsch klingt, werden die Kinder schnell hören, und Ver-

besserungsvorschläge bringen. Ansonsten korrigieren Sie sich selbst: Ro-se. Weisen Sie die Kinder darauf hin, die betonte Silbe etwas lauter als die unbetonten Silben zu lesen. Lassen Sie sie die betonten Silben der Blumennamen unterstreichen. Danach lesen die Kinder das Gedicht mit den Variationen „Sonnenblume“ und „Glockenblume“ und stellen fest: Mit Rose klingt es am besten. Lesen Sie dann das Rosengedicht deutlich betont vor, während die Kinder die betonten Silben unterstreichen, z. B.:

Sommer, Sommer kommt ins Land,
bringt uns Blumen allerhand.
Überall, wohin ich schau,
Blumen rot und gelb und blau.
In dem Garten über Nacht
sind die Rosen aufgewacht.
Rosen, Rosen weit und breit,
o du schöne Rosenzeit!

Ergänzend bieten sich die Kopiervorlagen „Welche Wiesenblume bin ich?“ (Seite 64) und „Die Wiese“ (Seite 76) an.

Lösung
Aufgabe 2:
Ro-se – Klatsch-mohn, Hah-nen-fuß – Lö-wen-zahn, Son-nen-blu-me – Glo-cken-blu-me

Weiterführende Anregungen
- Die Kinder ordnen die Blumennamen nach dem Abc.
- Die Blumen auf dem Arbeitsblatt können in den folgenden Farben ausgemalt werden: Rot oder Rosa – Rose; Gelb – Hahnenfuß, Sonnenblume, Löwenzahn; Blau – Glockenblume; Rot – Klatschmohn.
- Erstellen Sie gemeinsam ein Wiesenblumenplakat.

Blitzlesen
Vor allem Schüler, die noch lautsynthetisch und buchstabenweise lesen, sollen lernen, kurze, häufige Wörter als Ganzes simultan zu erfassen und schnell zu lesen. Gute Leser begreifen die Bedeutung von Wörtern visuell und verzichten auf eine Vokalisierung oder Subvokalisierung (inneres Mitsprechen). So können sie in einer Minute etwa hundert Wörter lesen. Die folgende Kopiervorlage unterstützt die Kinder bei diesem Lernprozess.

Sommerwörter schnell lesen
Die beiden Kopiervorlagen auf Seite 12 und 13 lassen sich differenzierend einsetzen: Weniger gute Leser bearbeiten Seite 12, während gute Leser die langen Sommerwörter von Seite 13 zerlegen.

Beim Auswählen des zum Bild passenden Wortes unter ähnlichen Wörtern in Aufgabe 1 ist genaues Lesen gefragt, vor allem beim Unterscheiden von „ei“ und „ie“.

Um das Lesetempo zu steigern, trainieren die Kinder anschließend das Zerlegen von Wörtern in Silben. Wörter mit mehr als drei Silben oder sechs Buchstaben sind für Leseanfänger schwer zu lesen.

Tipp: Die Kinder verwenden beim Verbinden für jedes Wort eine andere Farbe. So ist die Zuordnung klar erkennbar. Außerdem kann jede aufgeschriebene Silbe durchgestrichen werden.

Lösung
Aufgabe 1:

Sonne	Zelt	schwimmen	Wald
Blume	Wiese	Biene	Grill

Aufgabe 2:
Son-ne, schwim-men, Blu-me, Wie-se, Bie-ne

Lange Sommerwörter schnell lesen

Um das Lesetempo zu steigern, trainieren die Kinder das Zerlegen von zusammengesetzten Wörtern in Einzelwörter . Dabei wiederholen sie auch Besonderheiten beim Zusammensetzen wie das Einfügen von Fugenbuchstaben (Sonnenschein) oder das Weglassen von Endungen (Bade-hose).

Lösung

Aufgabe 1:

Mit der jeweils gleichen Farbe angemalt werden müssen:
Campingplatz – Camping – Platz
Sonnenschein – Sonne – Schein
Mohnblume – Mohn – Blume

Cam-ping-platz, Son-nen-schein, Mohn-blu-me

Aufgabe 2:

Mit der jeweils gleichen Farbe angemalt werden müssen:
Badehose – baden – Hose
Speiseeis – speisen – Eis
Wandertag – wandern – Tag

Ba-de-ho-se, Spei-se-eis, Wan-der-tag

Rätsel: Tiere auf der Wiese

Die Kinder lesen die kurzen Tierbeschreibungen und ordnen die jeweils passende Lösung zu. Die Buchstaben ermöglichen eine Selbstkontrolle. Anschließend können sich die Kinder Rätsel mit weiteren Tieren ausdenken und sich diese gegenseitig stellen.

Lösung

Aufgaben 1 und 2:

Lösungswort: RICHTIG

Weiterführende Anregung

Die Kinder malen die Tiere auf ein extra Blatt.

Im Sommer brennt die Sonne

Die Kinder nennen Sommerwörter, die Sie an die Tafel schreiben. Wenn etwa fünf davon einen doppelten Mitlaut haben, unterstreichen Sie diese. Die Kinder sollen die Gemeinsamkeit herausfinden. Dabei wird wiederholt: Vor dem Doppelmitlaut wird der Selbstlaut kurz gesprochen. Beim Sprechen einiger Gegensatzbeispiele wird dies noch deutlicher: schief – Schiff, Hüte – Hütte, Sohn – Sonne, Fuß – Fluss …

Lösung

Aufgabe 1:

Im Sommer brennt die Sonne vom Himmel.
Schnell in den Schatten!
Ich muss viel Wasser trinken.
In der Quelle zappeln kleine Fische.
Ein Schmetterling wippt auf der Blüte.
Können wir im Fluss mit den Flossen schwimmen?
Wer schleppt den Koffer auf das Schiff?
Bei einem Gewitter knallt der Donner.

Aufgabe 2:

ff: Koffer, Schiff
ll: schnell, Quelle, knallen
mm: Sommer, Himmel, schwimmen
nn: brennen, Sonne, können, Donner
pp: zappeln, wippen, schleppen
ss: müssen, Wasser, Fluss, Flossen
tt: Schatten, Schmetterling, Gewitter

Aufgabe 3:

z. B. Gebrumm, Hummel, Mittagssonne, Wassertonne, Wellen, klettern, krabbeln, rollen, tollen, sammeln, summen, flüssig, hell, herrlich, nass, sonnig, toll

KV
Seite
16

Zungenbrecher

Zungenbrecher sind Stolpersteine und erfordern große Konzentration. Wörter mit ähnlichen Lauten folgen aufeinander, sodass eine schnelle Aussprache schwerfällt. Häufig haben die Wörter den gleichen Anlaut. Schwierig sind auch die Zischlaute. Dennoch machen das laute Lesen und das Aufsagen der Verse Spaß und fördert Lesegenauigkeit und Artikulation.

Als Einstieg eignet sich eine Hör- und Konzentrationsübung: Sprechen Sie einen Zungenbrecher, während die Kinder mit geschlossenen oder verbundenen Augen mit den Fingern mitzählen, wie oft ein vorher genannter Laut zu hören ist. Dann zeigen sie mit den hoch gehaltenen Fingern die Anzahl an:

- Lili kann lila Luftballons nicht leiden. (7-mal „l“)
- Papa packt pausenlos prima Picknickpakete. (7-mal „p“)

- Tante Trini Trippelein trippelt in den Turm hinein. (7-mal „t“)

Anschließend nennen die Kinder Zungenbrecher, die sie kennen, und lesen die Zeilen auf dem Arbeitsblatt.

KV Seite 17

Scherzfragen

Scherzfragen sind eine Mischform aus Rätsel und Witz. Während Rätsel zwar unterhaltsam, aber selten witzig sind, trifft bei Scherzfragen beides zu. Kinder lieben Scherzfragen und erzählen sie gern weiter. Die selbst gegebene Antwort beruht auf einem Wortspiel oder zeigt, wie man um die Ecke denken kann. Je absurder die Pointe, desto größer der Lacherfolg.

Entweder steigen Sie direkt mit dem Arbeitsblatt ein oder Sie stellen selbst einige Scherzfragen, z. B.: Warum haben Kühe eine Glocke um den Hals? (Damit sie beim Fressen nicht einschlafen.) Wo stehen Kühe, wenn es regnet? (Im Regen.) Warum haben Fische keine Haare? (Weil sie Schuppen haben.)

Zum Bearbeiten der Aufgabe knicken die Kinder die Lösungen nach hinten, lesen die Fragen und vermuten die Antwort ohne eine Stellungnahme von Ihnen. Erst danach ordnen sie die vorgegebenen Lösungen zu.

Lösung

1	Was ist zwischen (...)?	4	Dein Schatten.
2	Womit beginnt (...)?	10	Die Heizung.
3	Wer springt (...)?	6	Auf einer Sandbank.
4	Was liegt auf (...)?	11	Der Luftballon.
5	Was ist beim (...)?	1	Das Wort „und“.
6	Auf welcher (...)?	3	Der Springbrunnen.
7	Warum summen (...)?	2	Mit dem Buchstaben „S“.
8	Welche Burg (...)?	12	Die Brennnessel.
9	Welcher Löwe (...)?	5	Der Buchstabe „o“.
10	Im Sommer (...)?	13	Zwei Eisbonbons.
11	Was wird bis (...)?	7	Weil sie ihren (...)
12	Was brennt (...)?	9	Der Seelöwe.
13	Was schmeckt (...)?	8	Die Sandburg.

KV Seite 18

Sommerwitze

Nach dem stillen Lesen und Zuordnen tragen die Kinder je einen Witz der Klasse vor. Dabei lassen sie jede Person und jedes Tier mit unterschiedlicher Stimme und passender Betonung sprechen.

Im Gespräch versuchen die Schüler, die Pointe der Witze zu erklären: Kühe können keine anderen Laute von sich geben. – Butter und Käse werden aus Milch gemacht. – Der Bauer übertreibt. Bis die Kuh das Gras verdaut, dauert es viel länger, denn Kühe sind Wiederkäuer: Gefressene Nahrung wird mehrmals hochgewürgt und im Mund erneut zerkleinert. – Das Gegenteil ist der Fall. Die Melkmaschine füllt nichts in die Kuh, sondern saugt die Milch aus der Kuh. – Der Schaflaut „mäh“ ist zugleich die Befehlsform von „mähen“.

Lösung

Aufgabe 1:

Zwei Kühe stehen (...) – „Das Gleiche wollte ich (...)“
Fritzchen sieht zum (...) – „Und wo kommen die (...)“
Max fragt (...) – „Frisch? Vor drei Stunden war sie (...)“
Erna besucht die (...) – „Papa, komm schnell! (...)“
Treffen sich zwei (...) – „Mäh doch selbst, wenn (...)“

Weiterführende Anregung
Die Kinder erzählen sich gegenseitig weitere Witze. Damit Sie zu grobe Witze aussortieren können, erzählen sie diese vorher Ihnen.

KV Seite 19

Urlaubsgrüße
Klären Sie nach dem Lesen der Texte zunächst etwaige Kinderfragen, z. B.: Kroatien ist ein Land weiter im Süden, das am Meer liegt. Die Zugspitze ist der höchste Berg Deutschlands. Das Watt/Wattenmeer ist der Landstreifen an der Nordsee hinter dem Strand, auf dem man bei Ebbe laufen kann, bei Flut aber schwimmen muss.

Lösung
Aufgabe 1:
Oma, Frau Sommer, Leni, Mama, Papa

Aufgabe 2:

Clara	Ben	Fabi	Fidorela

Domino: Tiere auf der Wiese

✂

Ich habe schwarze Punkte auf meinen Flügeln.	der Grashüpfer	Mein Fell ist gelbbraun und ich gebe Quietschgeräusche von mir.	der Marienkäfer
Start	die Maus	Ich kann laut zirpen.	die Spinne
Ich lebe mit vielen anderen tausend Tieren in einem Haufen.	die Hummel	Ich trage den Blütenstaub von einer Blüte zur anderen.	die Ameise
Ich trage mein eigenes Haus mit mir herum.	der Regenwurm	Ich habe keine Beine und lebe meist unter der Erde.	**Fertig!**
Zuerst bin ich eine Raupe.	die Biene	Ich grabe Gänge unter der Erde und baue kleine Erdhügel.	der Schmetterling
Ich habe acht Beine.	der Maulwurf	Ich sehe so ähnlich aus wie eine Biene, bin aber größer.	die Schnecke

Name: Datum:

Sommeranfang

1. Lies die folgenden Zeilen.

Sommer, Sommer kommt ins Land,
bringt uns Blumen allerhand.
Überall, wohin ich schau,
Blumen rot und gelb und blau.
In dem Garten über Nacht
sind die Rosen aufgewacht.
Rosen, Rosen weit und breit,
o du schöne Rosenzeit!

unbekannter Verfasser

Die Zeilen in einem Gedicht heißen Verse.

2. Welche Blumennamen haben die gleiche Betonung? Verbinde.

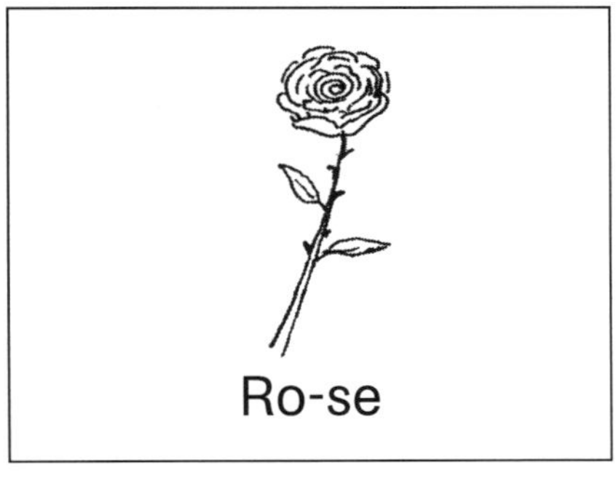

Ro-se

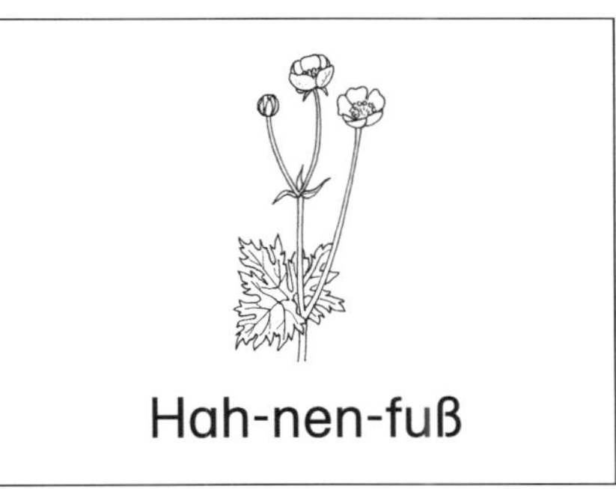

Hah-nen-fuß

Son-nen-blu-me

Glo-cken-blu-me

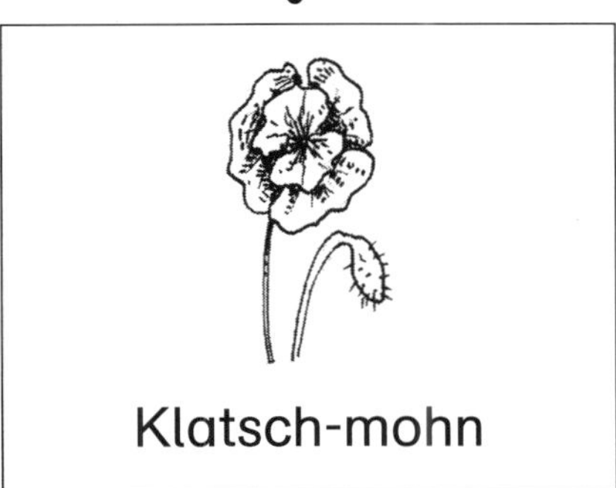

Klatsch-mohn

Lö-wen-zahn

3. Versuche, das Gedicht aus Aufgabe 1 auch mit „Sonnenblume“ und „Glockenblume“ statt „Rose“ zu sprechen.

Name: Datum:

Sommerwörter schnell lesen

1. Lies genau und kreuze das richtige Wort an.

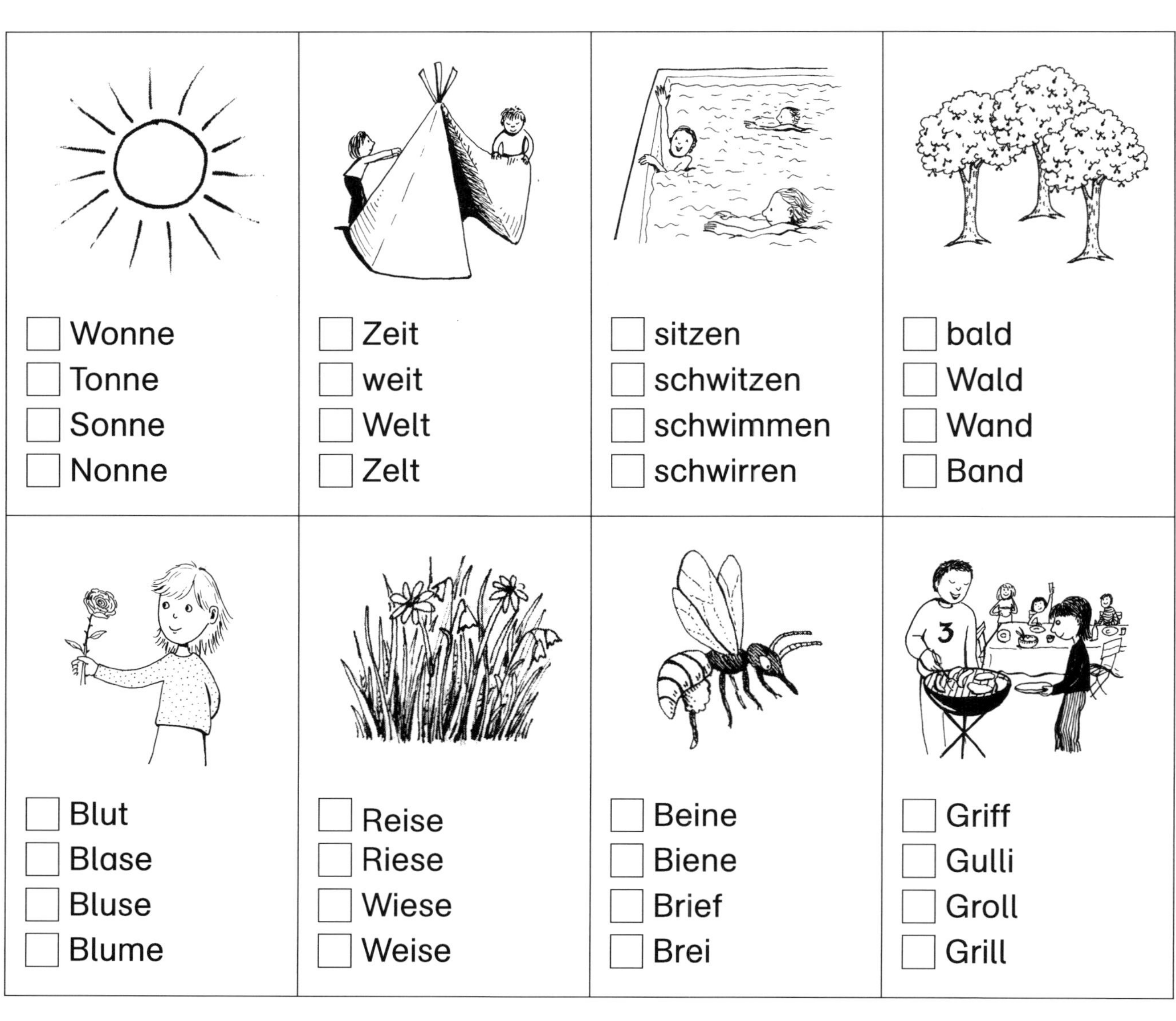

☐ Wonne	☐ Zeit	☐ sitzen	☐ bald
☐ Tonne	☐ weit	☐ schwitzen	☐ Wald
☐ Sonne	☐ Welt	☐ schwimmen	☐ Wand
☐ Nonne	☐ Zelt	☐ schwirren	☐ Band
☐ Blut	☐ Reise	☐ Beine	☐ Griff
☐ Blase	☐ Riese	☐ Biene	☐ Gulli
☐ Bluse	☐ Wiese	☐ Brief	☐ Groll
☐ Blume	☐ Weise	☐ Brei	☐ Grill

2. Verbinde die Silben und schreibe die Wörter getrennt auf.

Son schwim Blu Wie Bie

men ne ne me se

Ich zerlege Wörter in Silben.

Son-

Name: Datum:

Lange Sommerwörter schnell lesen

1. Aus welchen Wörtern bestehen die langen Wörter? Male mit derselben Farbe an und schreibe die langen Wörter getrennt auf.

zusammengesetztes Nomen: Nomen + Nomen

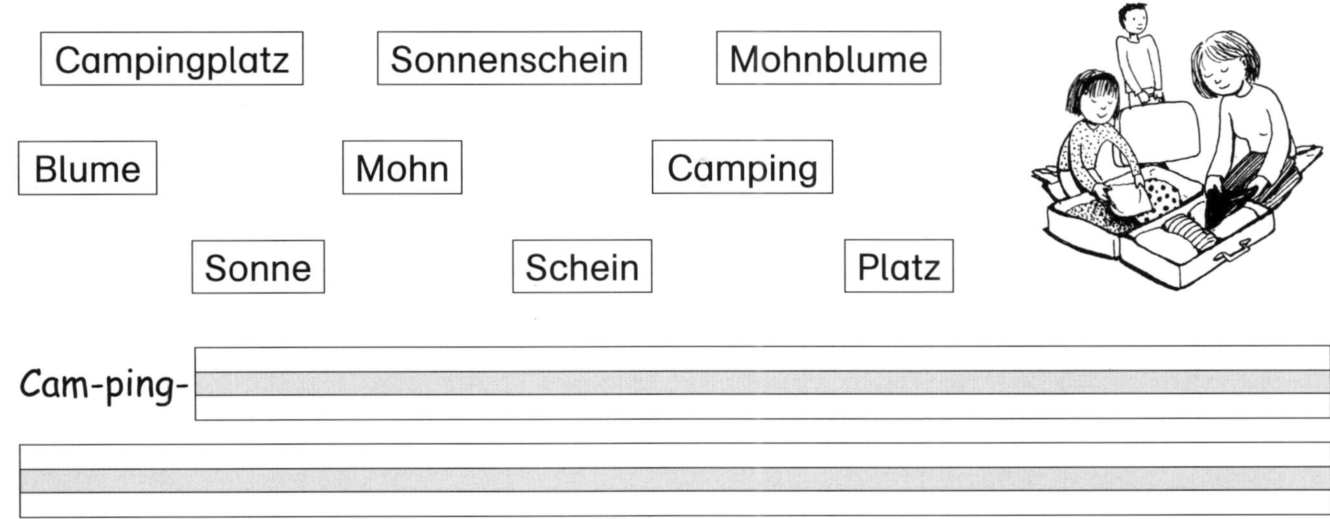

Campingplatz Sonnenschein Mohnblume

Blume Mohn Camping

Sonne Schein Platz

Cam-ping-

2. Aus welchen Wörtern bestehen die langen Wörter? Male an und schreibe die langen Wörter getrennt auf.

zusammengesetztes Nomen: Verb + Nomen

Badehose Speiseeis Wandertag

wandern baden speisen

Eis Hose Tag

Ich zerlege Wörter in einzelne Wörter und Silben.

Name: Datum:

Rätsel: Tiere auf der Wiese

1. Wer ist gemeint? Trage die fetten Buchstaben unten passend ein.

Mein langer, dünner Körper ist hellgrün. Meine Flügel sind durchsichtig wie Glas. **T**	Mein Körper und meine Fühler sind braun. Meine Flügel sind orange. Darauf sind große bunte Flecken. Sie sehen wie Augen aus. **I**
Meine Flügel sind rot mit einzelnen schwarzen Punkten. Mein Kopf, meine Fühler und meine Beine sind schwarz. **CH**	Mein Körper, mein Kopf mit den Fühlern und mein Haus sind hellbraun. **R**
Mein Bauch ist hellgelb. Mein Rücken und meine Beine sind grün. Ich kann sehr gut springen. **I**	Meine Haut ist braunrosa. Ich krieche durch meine langen Gänge in der Erde. Dabei lockere ich die Erde auf. **G**

☐ Ich bin Schnecki, die Schnecke.

☐ Ich bin Fred, der Frosch.

☐ Ich bin Mario, der Marienkäfer.

☐ Ich bin Lilli, die Libelle.

☐ Ich bin Mischa, der Schmetterling.

☐ Ich bin Regulus, der Regenwurm.

2. Lies die Buchstaben von oben nach unten. Trage das Lösungswort ein.

Name: Datum:

Im Sommer brennt die Sonne

1. Lies und male die doppelten Mitlaute gelb an.

Im Sommer brennt die Sonne vom Himmel.
Schnell in den Schatten!
Ich muss viel Wasser trinken.
In der Quelle zappeln kleine Fische.
Ein Schmetterling wippt auf der Blüte.
Können wir im Fluss mit den Flossen schwimmen?
Wer schleppt den Koffer auf das Schiff?
Bei einem Gewitter knallt der Donner.

> Nach einem kurzen Selbstlaut folgt oft ein doppelter Mitlaut. Er wird getrennt: schwim-men.

**2. Trage die Wörter von oben richtig ein.
Schreibe die Verben in der Grundform auf.**

3. Schreibe weitere Sommerwörter mit doppeltem Mitlaut auf.

Name: Datum:

Zungenbrecher

Lies die Zungenbrecher dreimal. Werde jedes Mal schneller. Sage sie dann dreimal auswendig. Male die Bilder an, wenn du das geschafft hast.

Paul und Paula
plumpsen plärrend und prustend
in den Pool.

Auch Poldis brauner Pudel Bruno
plumpst bellend
in das Becken.

Paul, Paula und Poldi
planschen herum
und sind pitschepatschenass.

Kleine Krabbelkäfer krabbeln
hinter Krabbelkäfern.
Kleine Krabbelkäfer krabbeln
kleinen Krabbelkäfern nach.

Zwei quabbelige Quallen
quasseln Quatsch
und quietschen.

Jedes Jahr im Juli
essen Johann und Johanna
Johannisbeeren.

Name: Datum:

Scherzfragen

Lies die Fragen und finde die richtigen Antworten. Nummeriere.

1	Was ist zwischen Frühling und Sommer?		Dein Schatten.
2	Womit beginnt der Sommer?		Die Heizung.
3	Wer springt, aber hat keine Beine?		Auf einer Sandbank.
4	Was liegt auf der Erde und wird nie schmutzig?		Der Luftballon.
5	Was ist beim Obst groß und beim Sommer klein?	1	Das Wort „und".
6	Auf welcher Bank bekommt man nasse Füße?		Der Springbrunnen.
7	Warum summen die Bienen?		Mit dem Buchstaben „S".
8	Welche Burg stürzt ein, wenn es regnet?		Die Brennnessel.
9	Welcher Löwe kann gut schwimmen?		Der Buchstabe „o".
10	Im Sommer sieht mich keiner an, im Winter braucht mich jedermann.		Zwei Eisbonbons.
11	Was wird bis obenhin gefüllt, sieht aber leer aus?		Weil sie ihren Text vergessen haben.
12	Was brennt ohne Holz, Papier oder Kohlen?		Der Seelöwe.
13	Was schmeckt besser als ein Eisbonbon?		Die Sandburg.

Name: Datum:

Sommerwitze

1. Finde zu jedem Witz das richtige Ende und verbinde.

Zwei Kühe stehen auf der Weide und grasen. Dann legen sie sich in die Sonne und kauen. Auf einmal sagt die eine Kuh: „Muh!“
Da brummt die andere: …

Fritzchen sieht zum ersten Mal, wie eine Kuh gemolken wird. Er staunt: „So viel Milch!“ Nach einer Weile fragt er: …

Max fragt im Hofladen: „Ist die Milch auch frisch?“
Der Bauer antwortet: …

Erna besucht die Großeltern auf dem Land. Interessiert schaut sie zu, wie Opa die Melkmaschine anlegt. Da rennt sie ins Haus und ruft: …

Treffen sich zwei Schafe auf der Wiese.
Das erste Schaf grüßt: „Mäh!“
Darauf sagt das zweite: …

Mäh doch selbst, wenn du meinst, dass das Gras zu lang ist!

Papa, komm schnell! Die Kühe werden gerade aufgetankt!

Das Gleiche wollte ich auch gerade sagen.

Und wo kommen die Butter und der Käse raus?

Frisch? Vor drei Stunden war sie noch Gras!

2. Welcher Witz gefällt dir?
Male ☺ dazu.

3. Lerne diesen Witz auswendig.
Sprich verschiedene Sprecher mit unterschiedlicher Stimme.

Name: Datum:

Urlaubsgrüße

1. Lies die Postkarten. Unterstreiche jeweils den oder die Empfänger.

Liebe Oma,

in Kroatien ist es sehr schön. Da kann man toll schnorcheln. Noch etwas Lustiges: Hier gibt es eine Limo, die Pipi heißt.

Liebe Grüße, dein Fabi

Liebe Frau Sommer,

gestern sind meine Eltern und ich mit einer Seilbahn auf die Zugspitze gefahren. Auf dem Gipfel hatten wir eine tolle Aussicht.

Viele Grüße von Clara

Liebe Leni,

hier an der Nordsee bin ich mit einem Führer im Watt gewandert. Das ging nur, weil ich schon acht bin. Ich bringe dir Muscheln mit.

Bis bald, Fidorela

Liebe Mama, lieber Papa,

auf dem Bauernhof ist es sehr schön. Ich darf beim Füttern helfen, beim Melken zuschauen und Eier holen. Doch ich habe ein bisschen Heimweh.

Viele Bussis, euer Ben

2. Wer hat diese Ferienbilder gemalt? Schreibe den Namen auf.

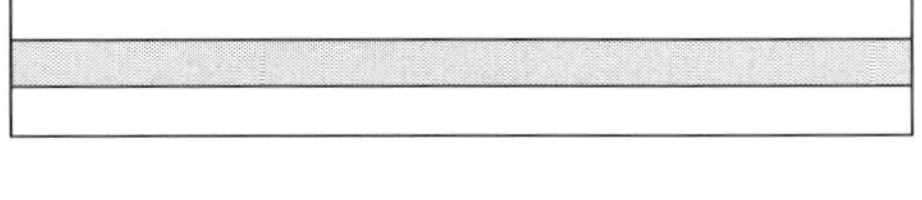

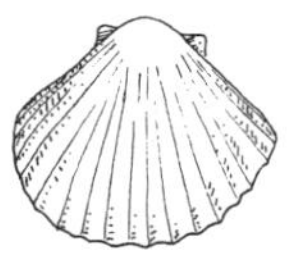

2. Kapitel: Gedichte und Lieder

Vorbemerkung

Viele Kinder lieben Gedichte und Lieder: Sie regen zum Staunen, Denken und Träumen an. Reim und Rhythmus fordern zum eigenen Spielen mit Sprache auf. Die enge Verbindung von Sprache, Gefühlen, Musik und Bewegung fördert die Kreativität. Die Kinder lernen neue Begriffe und sprachliche Wendungen kennen und gewinnen Erkenntnisse über Sprachaufbau und Sprachmelodie. Die kurze Form und der übersichtliche Aufbau in Versen kommen leseschwächeren Kindern entgegen. Auch wenn die Schüler ein Gedicht selbst erlesen sollen, tragen Sie oder ein Kind es als Beispiel für eine gute Betonung nach dem stillen Lesen vor.

Im ersten und zweiten Schuljahr sollte auch das schrittweise Auswendiglernen eines Gedichts gemeinsam geübt werden. Beim Verfassen von kurzen lyrischen Texten lernen die Kinder, eine Struktur einzuhalten und sich auf treffende Wörter zum Beschreiben ihrer Gedanken und Empfindungen zu beschränken. Wenn Kinder damit überfordert sind, schreiben sie ein vorgegebenes Gedicht ab und rekapitulieren dabei den Inhalt.

So können die Kinder handlungsorientiert mit Gedichten umgehen:

- das Gedicht hören und lesen
- den formalen Aufbau betrachten
- über das Gedicht sprechen (Inhalt, Stimmung, eigene Erfahrungen und Meinung)
- das Gedicht in schöner Schrift abschreiben
- das Gedicht bildnerisch gestalten
- das Gedicht pantomimisch und szenisch darstellen
- ein Gedicht zum gleichen Thema selbst verfassen
- das Gedicht musikalisch umsetzen: ein Musikstück anhören; begleitende Geräusche durch Instrumente, Alltagsmaterialien (Gläser), Naturmaterialien (Blätter, Reis, Steine, Zweige), Bewegung (trommeln, kratzen, stampfen) erzeugen

Manche Kinder haben beim Gedichtvortrag Angst sich zu blamieren. So lässt sich diese mildern: Zuerst tragen die Kinder das Gedicht in der Kleingruppe vor und bleiben dabei auf dem Platz sitzen. Beim Vortrag vor der Klasse können mehrere Kinder gleichzeitig vorn stehen und sich nach jeder Strophe abwechseln. Außerdem hilft ein direkt vor den Vortragenden sitzender Souffleur bei Hängern.

Lehrplanbezug

Deutsch

- auf Wortebene
  - den Wortschatz erweitern
  - unpassende Wörter erkennen
  - Reimwörter finden
  - Wörter richtig betonen
  - fehlende Wörter ergänzen
  - Wörter in Silben trennen
- auf Satzebene
  - Sätze zeilenübergreifend lesen
- auf Textebene
  - Gedichte vergleichen
  - Verse passend in ein Gedicht einordnen
  - den Inhalt mit eigenen Worten wiedergeben
  - beim Vorlesen sinnvolle Pausen machen
  - Gedichtzeilen ordnen
  - den Aufbau eines Gedichts untersuchen
  - eigene Strophen erfinden
  - Informationen aus einem Gedicht heraussuchen
  - die Stimmung in einem Gedicht erfassen
  - ein Gedicht mit Bewegungen begleiten
  - ein Gedicht auswendig lernen und vortragen

Sachunterricht

- sommerliche Veränderungen des Wetters und in der Natur bewusst wahrnehmen
- heimische Tiere kennenlernen

Musik

- Sommerlieder singen und begleiten

Zu den Kopiervorlagen

Juli

Während sich das Gedicht von Ursel Scheffler auch für weniger geübte Leser eignet, bearbeiten gute Leser das schwierigere Juligedicht von Paula Dehmel auf der folgenden Seite. Das Gedicht der vorliegenden Kopiervorlage führt in klarer Sprache einige sommerliche Beobachtungen auf.

Lösung

Aufgabe 2:

Juli ist die ~~Tulpenzeit~~,
die ~~wachs'n~~ an allen Ecken.
Ein ~~Maulwurf~~ gräbt im Gartenbeet,
die ~~Jungen~~ spiel'n verstecken.

Schmetterlinge ~~groß~~ und schön
~~schwirren~~ über Wiesen.
Und wer ~~keinen~~ Garten hat,
der muss ~~nicht~~ kräftig gießen.

Aufgabe 3:
Hecken – Ecken, verstecken
fließen – Wiesen, gießen

Ein Gedicht zu Hause lernen und vortragen
Erst wenn in der Schule mehrmals gemeinsam das Auswendiglernen geübt wurde, bekommen die Kinder es auch als Hausaufgabe, allerdings nie von einem Tag auf den nächsten, sondern zum Beispiel bis zum Ende der Woche. Bei einem mehrstrophigen Gedicht schreiben Sie je eine Strophe als Hausaufgabe für den nächsten Tag auf, damit die weniger Organisierten nicht am letztmöglichen Tag doch alle Strophen auf einmal lernen müssen.

So können Ihnen alle Kinder das Gedicht einzeln vortragen: Während die Klasse still für sich arbeitet, sagen einzelne Kinder Ihnen im Gang das Gedicht auf. Gerne nehmen Sie dazu noch einen selbst gewählten Zuhörer mit. Gegebenenfalls auch an den Souffleur denken!

Ursel Scheffler (geboren 1938 in Nürnberg) ist eine deutsche Kinderbuchautorin. Nach dem Studium in Erlangen und München legte sie ihr Lehramtsexamen ab und absolvierte eine Übersetzerprüfung. Sie hat einen Magister in Romanistik, Anglistik und Volkskunde (Märchen, Sagen). Seit 1977 lebt sie in Hamburg. Von ihr erschienen in dreißig Sprachen über dreihundert Kinderbücher. Sie ist Lesebotschafterin der Stiftung Lesen und hatte 2011 die Idee für das Leseförderungsprojekt Büchertürme. 2018 wurde sie für ihre Verdienste um die Leseförderung in Hamburg mit der Biermann-Ratjen-Medaille geehrt.

KV Seite 27

Ich bin der Juli
Der Monat Juli stellt sich hier wie eine Person vor, beschreibt erledigte Tätigkeiten und ruht sich aus. Das Gedicht transportiert wunderbar die Sommeratmosphäre. Die zweite Aufgabe greift Sachverhalte auf, die für die Kinder vielleicht unklar sind, und fordert wiederholtes Lesen. Die Reimwörter können markiert werden.

Lösung
Aufgabe 3:

- [5] Reif sind die Heidelbeeren, Brombeeren (…)
- [4] Das Getreide ist reif.
- [9, 10] Die Lindenblätter rauschen im Sommerwind.
- [6] Reif sind Rüben, Bohnen und Erbsen.

Paula Dehmel (geb. Oppenheimer) wurde 1862 in Berlin geboren. Sie verfasste Kindergedichte, Märchen und Geschichten. Von 1889 bis 1898 war sie mit dem Lyriker Richard Dehmel verheiratet. Auch nach der Scheidung brachten beide gemeinsam Kinderbücher heraus. Paula Dehmel starb 1918 in Berlin.

Regen, Regen!
Der Wechsel von betonter und unbetonter Silbe (Versmaß Trochäus) ist gut zu erkennen. Die zahlreichen Ausrufezeichen weisen auf die dringende Bitte um Regen hin, die in heutigen Zeiten immer wieder hochaktuell ist. Neben deutlichem Sprechen gilt als weitere Vorleseregel: Nach jedem Satzzeichen mache ich eine Pause. Ich lese so, dass die Zuhörer das Satzzeichen am Satzende erkennen können. Weisen Sie darauf hin, dass nach jedem Komma eine kurze Pause, nach den Ausrufezeichen eine längere Pause folgen sollte.

Die erste und zweite Aufgabe des Arbeitsblatts geben formale Hilfen zum gestaltenden Vortragen. Aufgabe 3 hilft den Kindern beim inhaltlichen Erschließen des Gedichts.

Lösung
Aufgabe 2:

So würden wir es sagen:	So sagt es der Dichter:
Gib dem Getreide und den Bäumen Kraft!	erquicke Halm und Laub!
Mach die Blumen frisch!	Labe meine Blümelein
Kümmere dich um den Bach!	Nimm dich auch des Bächleins an!

Weiterführende Anregungen

- Schließen Sie einen kleinen Exkurs darüber an, wie wichtig Wasser in unserem Alltag und für unser Leben ist: Wozu brauchen wir Wasser? (z. B. Bewässerung, Flüssigkeitszufuhr, Herstellung vieler Materialien, Hygiene) Wie können wir Wasser sparen? (z. B. duschen statt baden, kürzer duschen, Wasser beim Duschen und Händewaschen zwischendurch ausstellen, bei der Toilettenspülung die Spartaste drücken, mit Regenwasser Blumen gießen, Wasch- und Spülmaschine ganz voll machen)
- Sammeln Sie gemeinsam Wasserverben, z. B.: blubbern, brausen, dümpeln, fließen, gefrieren, gießen, gluckern, glucksen, plätschern, rauschen, schwappen, spritzen, sprudeln, strömen, stürzen, toben, tröpfeln, tropfen, verdampfen.

Das Vorlesen üben
Wurde im Unterricht ein Text besprochen und das Textverstehen gesichert, so ist dieser grundsätzlich zu Hause noch einmal zu üben. Folgende Aufgabenstellung bietet sich an: Lies das Gedicht/die Geschichte/das Märchen ... den Eltern, den Großeltern, dem Bruder, der Schwester oder deinem Kuscheltier dreimal laut vor. Je nach Unterrichtsarbeit treten nach und nach weitere Aspekte hinzu:

- Sprich beim Vorlesen etwas langsamer als gewöhnlich.
- Achte beim Vorlesen auf Pausen. So wird das Zuhören spannend.
- Achte auf die richtige Betonung. Das erleichtert deinen Zuhörern das Verstehen.

Hoffmann von Fallersleben (eigentlich August Heinrich Hoffmann von Fallersleben, geboren 1798 in Fallersleben, Kurfürstentum Braunschweig-Lüneburg; gestorben 1874 in Corvey) war Hochschullehrer für Germanistik, Dichter sowie Sammler und auch Herausgeber alter Schriften. Er schrieb „Das Lied der Deutschen", dessen dritte Strophe die deutsche Nationalhymne ist. Zudem ist er Autor zahlreicher bekannter Kinderlieder, z. B. „Der Kuckuck und der Esel" und „Summ, summ, summ".

KV Seite 29

Im Sommer ist's am Nordpol kühl ...

Das Gedicht beschreibt anschaulich die drückende Hitze und bedrohliche Dürre des Sommers, stellt dem jedoch erfrischende Momente durch Gewitter und Schwimmbadbesuch gegenüber. Beim Lösen der Aufgaben üben die Kinder sowohl genaues als auch überfliegendes Lesen. Ferner lässt sich betontes Vorlesen und Vortragen einüben. Der Versfuß ist ein Jambus.

Lösung
Aufgabe 1:
Die Sonne brennt auf Feld und Wald,
auf Dächer und in Höfen,
den ganzen Tag wird's nicht mehr kalt,
aus Autos werden Öfen.

Der Schneck vertrocknet fast im Haus,
die dürren Gräser zittern,
zum Nordpol wünscht sich mancher jetzt,
– zum Glück wird's gleich gewittern!

Das Schwimmbad hat jetzt Hochsaison:
Ferien für die Kinder!
Doch tief in Süd-Süd-Afrika
herrscht nun der tiefste Winter.

Aufgabe 2:

F	l	e	c	k	S	c	h	r	e	c	k	S	c	h	n	e	c	k
S	S	o	m	m	e	r	S	o	n	n	e	S	o	n	n	t	a	g
W	i	t	z	W	a	s	s	e	r	W	a	l	d	W	a	n	n	e
S	S	S	c	h	w	i	m	m	b	a	d	S	c	h	w	e	i	n
b	b	b	b	a	d	e	t	b	l	ü	h	t	b	r	e	n	n	t
F	l	u	s	s	F	e	r	i	e	n	F	l	a	s	c	h	e	n

Mein Vier-Wörter-Gedicht

Die Kinder experimentieren mit Sprache und schreiben ein eigenes Vier-Wörter-Gedicht. Zwei Beispieltexte und das farbige Unterstreichen der Wörter verdeutlichen den Bauplan.

Wort eins	Hitze
Wort eins und zwei	Hitze und Wasser
Wort zwei	Wasser
Wort zwei und drei	Wasser und schwimmen
Wort eins	Hitze
Wort eins und drei	Hitze und schwimmen
Wort eins und zwei	Hitze und Wasser
und drei	und schwimmen
Wort vier	Sommer

Beim Vergleichen der Gedichte stellen die Kinder fest: Das erste Gedicht hat (außer „und") drei Nomen und ein Verb, das zweite Gedicht drei Adjektive. Beim Dichten können die Schüler die Wortarten auch mischen. Wenn die Kinder keine Ideen haben, sammeln sie gemeinsam an der Tafel weitere Sommerwörter, z. B.: Baum, Blumen, Eis, Garten, Gras, Himmel, Meer, Muscheln, Möwen, Rose, Schatten, Schwimmbad, See, Sonne, Strand, Urlaub, Vergnügen, verreisen, Wiese.

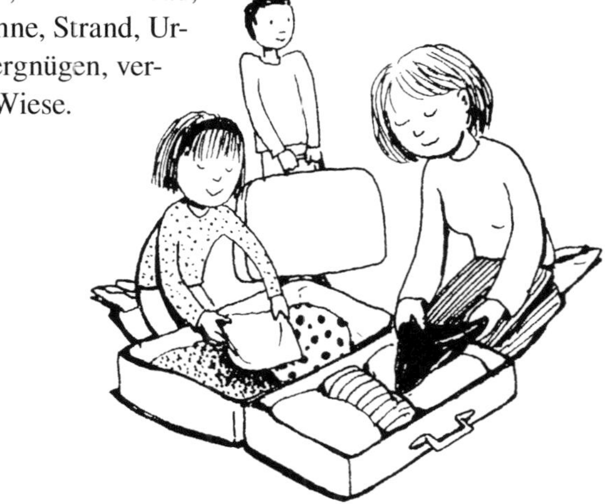

Mein Sommer-Elfchen

Ein Elfchen besteht, wie der Name verrät, aus elf Wörtern, die in einer bestimmten Weise auf fünf Verse verteilt sind. Oft beschreibt es einen Gegenstand oder auch ein Ereignis. Die Wörter werden dabei meist nicht wiederholt. Das Elfchen ist ein reimloses Gedicht. Häufig wird auf Satzzeichen verzichtet. Um den richtigen Gebrauch der Interpunktion zu fördern, finden Sie auf dem Arbeitsblatt aber Elfchen mit Satzzeichen.

Die erste Aufgabe führt die Kinder zum Schreiben nach einem Bauplan. Wenn die Schüler die Gedichtform noch nicht kennengelernt haben, schreiben Sie die Zeilen 1 und 5 des Gedichts der ersten Aufgabe zunächst auf zwei Textstreifen in gleicher Farbe, die weiteren Zeilen jeweils auf andersfarbige Streifen. Kleben Sie die Streifen ungeordnet an die Tafel und stellen Sie die Frage: „Wie kannst du daraus ein Gedicht bauen?" Nach dem stillen Lesen schlagen die Schüler verschiedene Möglichkeiten vor, sortieren die Streifen an der Tafel und lesen den Text jeweils vor. Danach ordnen sie die Streifen dem Gedicht des Arbeitsblatts entsprechend an.

Das Entflechten der zwei Elfchen in der zweiten Aufgabe ist nicht einfach. Deshalb unterstreichen schwache Leser die Zeilen mit Ihrer Hilfe.

Besprechen Sie, bevor die Kinder ihr eigenes Elfchen schreiben, neben dem formalen auch den inhaltlichen Aufbau mithilfe des Bauplans aus Aufgabe 1. Das Dichten kann auch in Partnerarbeit erfolgen. Die Elfchen des Arbeitsblatts bieten eine kleine Auswahl von Sommerwörtern für Kinder mit wenig eigenen Ideen. Abschließend lesen sich die Schüler ihre Gedichte gegenseitig in kleinen Gruppen vor.

Lösung

Aufgabe 1:

1 ein Wort
2 zwei Wörter
3 drei Wörter
4 vier Wörter
5 ein Wort

Aufgabe 2:

Kirschen	Fische
pflücke ich	schwimmen schnell
kreuz und quer.	von den Bäumen.
Ich esse sie alle.	Ich finde das lustig.
Quietschfidel!	Lecker!

Weiterführende Anregung

Die Schüler schreiben ihr Elfchen in besonders schöner Schrift je nach Thema z. B. auf ein blaues Blatt (Meer, See), auf eine ausgeschnittene Blüte oder in einen Fisch aus Papier. Blüten können auf ein grünes Plakat als „Sommerwiese" geklebt werden.

Mein Sommer-Haiku

Ein japanisches Haiku beschreibt häufig die Natur, will aber vor allem Stimmungen und Empfindungen Ausdruck verleihen. Immer im Präsens, besteht es aus siebzehn Silben in drei Zeilen. Das Gedichtbeispiel verdeutlicht die Anordnung der Silben.

Zeile	Silben	
1	5	Ba-den und plan-schen
2	7	das ist lus-tig, das macht Spaß,
3	5	und al-le sind nass.

Sie können direkt mit dem Arbeitsblatt einsteigen. Der Druck mit Silbenhilfe erleichtert zunächst das genaue Arbeiten und Zählen der Silben. Es gelten die Sprechsilben, d. h. im Gegensatz zur rechtschriftlichen Silbentrennung zählen auch einzelne Vokale als Silbe (ü-bers, A-mei-sen).

Nach dem Verfassen eines eigenen Haiku tragen die Kinder es vor und schreiben ein Haiku von dem Arbeitsblatt in ihr Gedichtheft.

Lösung

Aufgabe 1:

1 fünf Silben
2 sieben Silben
3 fünf Silben

Aufgabe 2:

[3] Was für ein Ge-nuss!
[1] Al-le schle-cken Eis.
[2] Scho-ko-la-de, Ha-sel-nuss.

[2] leuch-ten ü-bers wei-te Feld,
[3] wie-gen sich im Wind.
[1] Ro-te Mohn-blu-men

[3] A-mei-sen krab-beln.
[2] Hum-meln und Kä-fer brum-men,
[1] Die Bie-nen sum-men,

[3] und das wei-te Meer.
[1] End-lich sind wir da:
[2] Som-mer, Son-ne, Ba-de-strand

Trarira, der Sommer, der ist da!

Dieses fröhliche pfälzische Sommerlied ist auch als „Trariro, der Sommer, der ist do" bekannt. Es wurde von Carl Maria von Weber neu vertont und später von Ludwig Erk vereinfacht.

Nach dem Lesen und Auswendiglernen stellen sich die Kinder in einem Kreis auf, fassen sich an den Händen und tanzen im Kreis. Bei „Trarira" und „Ja, ja, ja" bleiben alle stehen und klatschen jeweils dreimal. Danach wechseln sie die Richtung.

Lösung

Trarira, der Sommer, der ist da!
Der Sommer hat gewonnen,
der Winter hat verloren.
Ja, ja, ja, der Sommer, der ist da!

Carl Maria von Weber (geboren 1786 in Eutin, gestorben 1826 in London) war ein Komponist, Dirigent und Pianist der Romantik. Als musikalischer Leiter der deutschen Oper in Dresden schuf er die populäre Oper „Der Freischütz". Außerdem komponierte er Kammermusik, Orchester- und Klavierwerke, Messen, Tänze sowie zahlreiche Lieder.
Ludwig Erk (geboren 1807 in Wetzlar, gestorben 1883 in Berlin) war zuerst Musiklehrer in Moers, ab 1835 Musiklehrer am Seminar für Stadtschulen in Berlin. Er gründete 1845 den Erk'schen Männer-Gesangverein und war seit 1857 königlicher Musikdirektor. Bedeutung erlangte darüber hinaus seine große wissenschaftliche Sammlung deutscher Volkslieder. Ludwig Erk komponierte auch selbst.

Schnicke, Schnacke, Schnecke

Tiere wie die langsamen und gut zu beobachtenden Schnecken sprechen Kinder auf besondere Weise an. Nennen Sie den lautmalerischen Gedichttitel und bitten Sie die Kinder, sich dazu einen Reim auszudenken. Während die Erstklässler nur eine Strophe lesen, lesen Kinder der zweiten Klasse das ganze Lied.

Im Anschluss schlüpfen die Schüler selbst in die Rolle des Liedes bzw. Gedichts: Stell dir vor, du bist das Gedicht. Was kannst du von dir erzählen? Dazu steht ein Stuhl mit einem gelben oder orangen Tuch bereit, der den Sommer symbolisiert. Ohne Melden und Auffordern setzen sich die Kinder nacheinander darauf, schlüpfen in die Rolle des Gedichts und äußern sich entsprechend, z. B.: „Ich erzähle von einer Schnecke." – „Ich stelle der Schnecke einige Fragen." – „Ich bin ein langes Gedicht mit fünf Strophen." – „Meine Zeilen / Verse reimen sich im Paarreim." – „Jede Strophe hat sechs Zeilen / Verse." (Erklären Sie hier gegebenenfalls das Wiederholungszeichen aus der Musik.) Diese Form der Gedichterschließung ist nach einigen Beispielen von Ihnen ein „Selbstläufer".

Lösung

Schnecke, Hecke, Ecke, Flecke, drücken, bücken

Schön ist die Welt

Spielen Sie das eingängige Wanderlied aus dem Internet vor. Das erste Mal hören die Kinder nur zu, beim zweiten Mal lesen sie den Text mit. Unklar sind vielleicht die veralteten Begriffe „von dannen" (weg, fort) und „laben" (erfrischen). Beim Einsetzen der richtigen Wörter trainieren die Kinder genaues Lesen. Manche Kinder brauchen bei der vierten Strophe vielleicht Ihre Hilfe, weil sie nicht von allein auf die Lösung kommen, zunächst den letzten Vers der Strophe anzusehen.

Lösung

2. (...) die uns von dannen zieh'n.
3. (...) wo uns die Sonne sticht.
4. (...) wo frisches
   Wasser fließt,
   wo frisches
   Wasser fließt.
5. (...) wo uns die
   Luft gefällt.

Weiterführende Anregung

Nicht nur bei einem Sommerfest, sondern auch zur Entspannung zwischendurch bewegen sich die Kinder zu dem Wanderlied, z. B.: Sie gehen bei Zeile 1 und 2 im Gänsemarsch (ohne sich an den Händen zu fassen) im Kreis, bei Zeile 3 seitwärts nach außen, bei Zeile 4 dann wieder nach innen. Bei der zweiten Strophe wird die Richtung gewechselt. Möglich ist es auch, dass die Kinder in einer markierten Fläche kreuz und quer gehen, ohne zusammenzustoßen. Wenn Luftballons zur Hand sind, können diese durch Antippen in der Luft gehalten werden.

KV Seite 36

Jetzt fahr'n wir übern See

Das bekannte Kinderlied aus Böhmen ist zugleich ein Pfänderspiel. Jeweils beim vierten und letzten Takt müssen die Sänger im ersten Durchgang schweigen. Wer sich vertut, gibt ein Pfand ab, das später wieder eingelöst werden kann, indem eine kleine Aufgabe erfüllt wird. Singen Sie den Kindern das Lied vor und weisen Sie auf den Gedankenstrich hin: An dieser Stelle darf nicht gesungen werden. Dann üben die Kinder die erste Strophe mit einer Partnerin oder einem Partner ein.

Statt der Pfandabgabe lässt sich auch diese Aufgabe stellen: Wer hineinsingt, schreibt die jeweilige Zeile ab.

Name: Datum:

Juli

1. Lies das Gedicht.

Juli

Juli ist die Rosenzeit,
die blüh'n an allen Ecken.
Ein Käfer gräbt im Gartenbeet,
die Kinder spiel'n verstecken.

Schmetterlinge bunt und schön
flattern über Wiesen.
Und wer einen Garten hat,
der muss jetzt kräftig gießen.

Ursel Scheffler

2. Lies und vergleiche mit dem ersten Gedicht. Streiche in jedem Vers das falsche Wort durch.

Juli ist die Tulpenzeit,
die wachs'n an allen Ecken.
Ein Maulwurf gräbt im Gartenbeet,
die Jungen spiel'n verstecken.

Schmetterlinge groß und schön
schwirren über Wiesen.
Und wer keinen Garten hat,
der muss nicht kräftig gießen.

3. Suche in den Versen die jeweils passenden Reimwörter.

Hecken – ____________________

fließen – ____________________

Name: Datum:

Ich bin der Juli

1. Lies das Gedicht.

Ich bin der Juli

1 Grüß Gott! Erlaubt mir, dass ich sitze.
2 Ich bin der Juli, spürt ihr die Hitze?
3 Kaum weiß ich, was ich noch schaffen soll,
4 die Ähren sind zum Bersten voll;
5 reif sind die Beeren, die blauen und roten,
6 saftig sind Rüben und Bohnen und Schoten.

7 So habe ich ziemlich wenig zu tun,
8 darf nun ein bisschen im Schatten ruh'n.
9 Duftender Lindenbaum,
10 rausche den Sommertraum!
11 Seht ihr die Wolke? Fühlt ihr die Schwüle?
12 Bald bringt Gewitter Regen und Kühle.

Paula Dehmel

2. Ordne die Sätze den passenden Versen im Gedicht zu. Trage die Nummern ein.

☐ Reif sind die Heidelbeeren, Brombeeren und Himbeeren.

☐ Das Getreide ist reif.

☐ Die Lindenblätter rauschen im Sommerwind.

☐ Reif sind Rüben, Bohnen und Erbsen.

Name: Datum:

Regen, Regen!

1. Lies und betone dabei die unterstrichenen Silben.

Re-gen
betont – unbetont

Regen, Regen!

Regen, Regen,
Himmelssegen!
Bring' uns Kühle, lösch' den Staub
und erquicke Halm und Laub!

Regen, Regen,
Himmelssegen!
Labe meine Blümelein,
lass sie blüh'n im Sonnenschein!

Regen, Regen,
Himmelssegen!
Nimm dich auch des Bächleins an,
dass es wieder rauschen kann!

Hoffmann von Fallersleben

2. Markiere die Kommas gelb, die Ausrufezeichen rot. Übe das Vorlesen.

3. Lies die Sätze in der linken Spalte. Markiere dann entsprechende Stellen im Gedicht und schreibe sie in die rechte Spalte.

So würden wir es sagen:	So sagt es der Dichter:
Gib dem Getreide und den Bäumen Kraft!	
Mach die Blumen frisch!	
Kümmere dich um den Bach!	

Name: Datum:

Im Sommer ist's am Nordpol kühl …

1. Welcher Vers gehört wohin? Trage passend ein.

Die Sonne brennt auf Feld und Wald,
auf Dächer und in Höfen,
den ganzen Tag wird's nicht mehr kalt,
____

Ferien für die Kinder!

Der Schneck vertrocknet fast im Haus,
____

die dürren Gräser zittern,

zum Nordpol wünscht sich mancher jetzt,
– zum Glück wird's gleich gewittern!

aus Autos werden Öfen.

Das Schwimmbad hat jetzt Hochsaison:
____

Doch tief in Süd-Süd-Afrika
herrscht nun der tiefste Winter.

Ursel Scheffler

2. Finde sechs Wörter aus dem Gedicht. Male sie gelb an.

F	l	e	c	k	S	c	h	r	e	c	k	S	c	h	n	e	c	k
S	S	o	m	m	e	r	S	o	n	n	e	S	o	n	n	t	a	g
W	i	t	z	W	a	s	s	e	r	W	a	l	d	W	a	n	n	e
S	S	S	c	h	w	i	m	m	b	a	d	S	c	h	w	e	i	n
b	b	b	b	a	d	e	t	b	l	ü	h	t	b	r	e	n	n	t
F	l	u	s	s	F	e	r	i	e	n	F	l	a	s	c	h	e	n

Name: Datum:

Mein Vier-Wörter-Gedicht

1. Unterstreiche jeweils die vier verschiedenen Wörter in den Gedichten farbig. Das Wort „und“ musst du nicht unterstreichen.

Wort eins: orange Wort zwei: rot Wort drei: grün Wort vier: blau

Hitze
Hitze und Wasser
Wasser
Wasser und schwimmen
Hitze
Hitze und schwimmen
Hitze und Wasser und schwimmen
Sommer

kühl
kühl und nass
nass
nass und frisch
kühl
kühl und frisch
kühl und nass und frisch
Wasser

2. Welche vier Wörter soll dein Gedicht haben? Schreibe sie in den Kreis. Schreibe dann damit dein eigenes Vier-Wörter-Gedicht.

Name: Datum:

Mein Sommer-Elfchen

1. Zähle die Wörter in jeder Zeile und ergänze den Bauplan.

1 Sonne
2 Sie brennt
3 vom Himmel herab.
4 Ich suche den Schatten.
5 Endlich!

ein	Wort	Nomen
______	Wörter	Was macht das Nomen?
______	Wörter	
______	Wörter	Was mache ich?
______	Wort	Abschlusswort

2. Hier sind zwei Elfchen vermischt. Unterstreiche die Verse, die zusammengehören, mit derselben Farbe.

Kirschen	Fische
pflücke ich	schwimmen schnell
kreuz und quer.	von den Bäumen.
Ich esse sie alle.	Ich finde das lustig.
Quietschfidel!	Lecker!

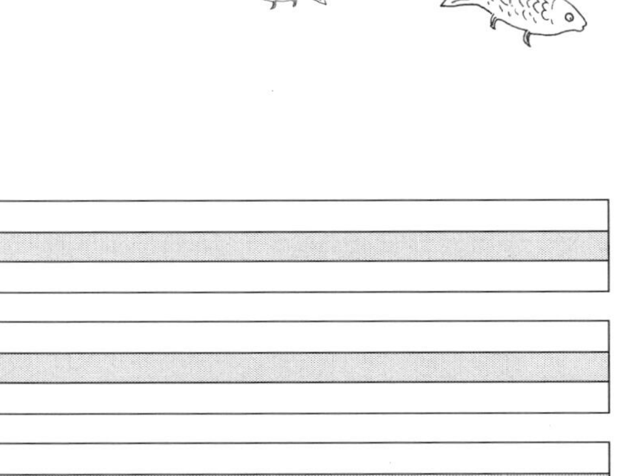

3. Schreibe selbst ein Sommer-Elfchen.

1 ein Wort ______
2 zwei Wörter ______
3 drei Wörter ______
4 vier Wörter ______
5 ein Wort ______

Name: Datum:

Mein Sommer-Haiku

1. Zähle die Silben in jeder Zeile und schreibe die Anzahl auf.

1 Baden und planschen, ____ Silben

2 das ist lustig, das macht Spaß, ____ Silben

3 und alle sind nass. ____ Silben

2. Trenne die Silben mit Silbenbögen und bringe die Haiku in die richtige Reihenfolge. Trage die jeweils passende Zeilenzahl ein.

☐ Was für ein Genuss!
1 Alle schlecken Eis.
☐ Schokolade, Haselnuss.

☐ Ameisen krabbeln.
☐ Hummeln und Käfer brummen,
☐ Die Bienen summen,

☐ leuchten übers weite Feld,
☐ wiegen sich im Wind.
☐ Rote Mohnblumen

☐ und das weite Meer.
☐ Endlich sind wir da:
☐ Sommer, Sonne, Badestrand

3. Welche Haiku von oben gefallen dir? Male ☺ dazu. Schreibe selbst ein Sommer-Haiku.

1 fünf Silben ________________

2 sieben Silben ________________

3 fünf Silben ________________

Name: Datum:

Trarira, der Sommer, der ist da!

Text: volkstümlich
Melodie: Carl Maria von Weber und Ludwig Erk

2. Trarira, der Sommer, der ist da!
Wir wollen hinter die Hecken
und woll'n den Sommer wecken.
Ja, ja, ja, der Sommer, der ist da!

Bringe die Wörter in die passende Reihenfolge und schreibe die letzte Strophe richtig auf.

der da! ist der Sommer, Trarira, — Trarira, der

gewonnen, hat Der Sommer

hat verloren. der Winter

da! ist Ja, ja, ja, der Sommer, der

Name: Datum:

Schnicke, Schnacke, Schnecke

Lies die Liedverse. Unterstreiche die Reimwörter mit „ck“ und schreibe sie unten auf die Linien.

Text und Melodie: traditionell

2. Schnicke, Schnacke, Schnecke,
kriechst dort um die Ecke.
Kannst du gar nicht flinker gehen?
Bleibst vorm großen Steine stehen
|: mit dem Schneckenhaus. :|

3. Schnicke, Schnacke, Schnecke,
dort hinter der Ecke.
Musst du dich so oft verschnaufen?
Kannst du gar nicht schneller laufen
|: mit dem Schneckenhaus? :|

4. Ach, ich arme Schnecke,
komm' ja nicht vom Flecke.
Oh, die harten Steine drücken,
muss mich unterm Strauche bücken
|: mit dem Schneckenhaus. :|

5. Ach, ich arme Schneck',
morgen bin ich weg.
Kannst auch du dein Häuschen schleppen
über Steine, Straßen, Treppen?
|: Dann mach's mir mal vor! :|

Name: Datum:

Schön ist die Welt

Text und Melodie: volkstümlich

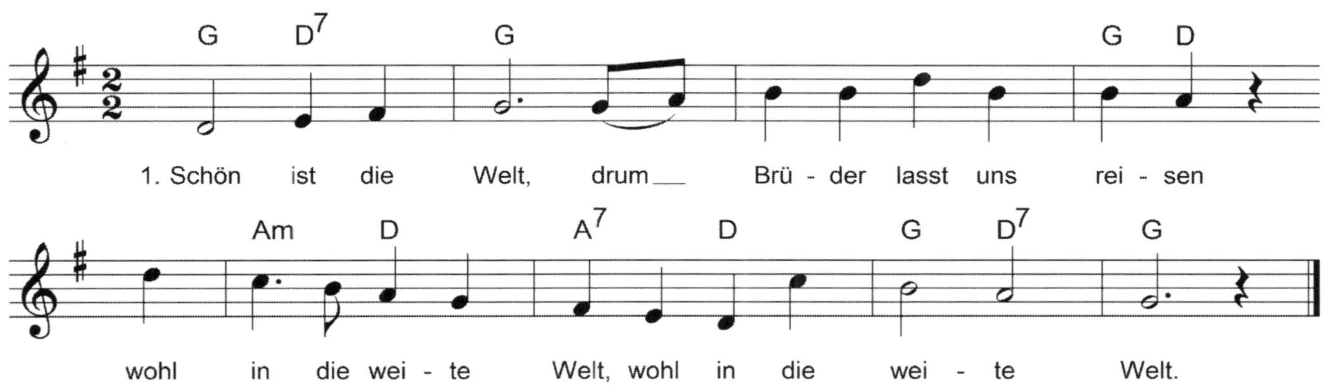

Lies die weiteren Strophen und setze die fehlenden Wörter ein.

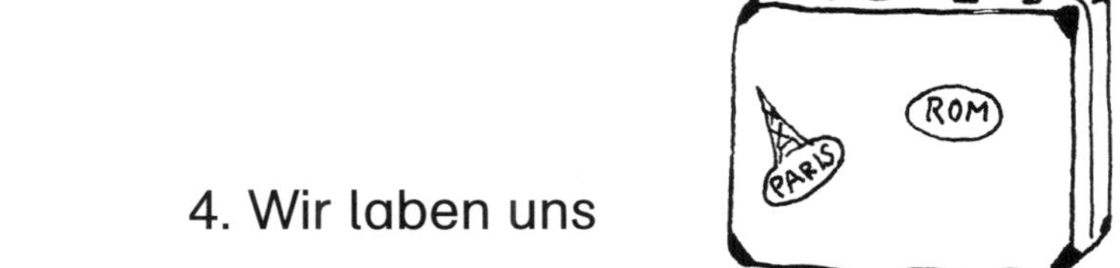

2. Wir sind nicht stolz,
wir brauchen keine Pferde,
die uns von dannen zieh'n,
die uns ________ dannen zieh'n.

3. Wir steig'n hinauf
auf Berge und Hügel,
wo uns die Sonne sticht,
wo ________ die Sonne sticht.

4. Wir laben uns
an jeder Felsenquelle,
wo ________ Wasser fließt,
wo frisches ________ fließt.

5. Wir reisen fort
von einer Stadt zur andern,
wo uns die Luft gefällt,
wo uns die Luft ________.

Name: Datum:

Jetzt fahr'n wir übern See

Text und Melodie: volkstümlich

Lies die weiteren Strophen und übe das Schweigen an dieser Stelle: –

2. Und als wir drüben – war'n,
   da sangen alle Vöglein,
   der helle Tag brach – an.

3. Ein Jäger blies ins – Horn,
   da bliesen alle Jäger,
   ein jeder in sein – Horn.

4. Das Liedlein, das ist – aus,
   und wer das Lied nicht singen kann,
   der fängt von vorne – an.

3. Kapitel: Märchen und Geschichten

Vorbemerkung

Lesen muss fortlaufend trainiert werden. Erst wenn ein Kind nicht mehr mühsam synthetisieren muss, kann es selbstvergessen das Lesen genießen. Vor allem schwache Leser sollten deshalb einem Lesepartner täglich laut vorlesen, um ihre Lesefertigkeit zu automatisieren und ihre Lesegeschwindigkeit zu steigern. In diesem Kapitel motivieren erzählende Texte zum Lesen. Sie knüpfen an eigene Erfahrungen der Kinder an, fördern ihre Vorstellungskraft (Kopfkino) und Kreativität. Über genaues und flüssiges Lesen hinaus lernen die Schüler, sich in eine Handlung hineinzudenken, Verständnis für Gedanken, Gefühle und zwischenmenschliche Beziehungen zu entwickeln und Stellung zu nehmen.

Mit den aussagekräftigen Auszügen aus Kinderbüchern begegnen den Schülern auch Texte der Kinderliteratur. Wenn diese Bücher im Klassenraum ausliegen, können neugierig gewordene Schüler weiterlesen. Altersgerechte Übungen und Fragen erleichtern das inhaltliche Erschließen.

Lehrplanbezug

Deutsch

- auf Wortebene
  - genau wortübergreifend lesen
  - den Wortschatz erweitern
  - unpassende Wörter erkennen

- auf Satzebene
  - Satzzeichen und Sprechpausen beachten
  - Sätze zeilenübergreifend lesen
  - sinnverstehend lesen und Informationen entnehmen
  - innere Vorstellungen entwickeln (Kopfkino)
  - zu einer Überschrift Leseerwartungen formulieren

- auf Textebene
  - im Text gezielt einzelne Informationen suchen
  - den Textinhalt mit eigenen Erfahrungen verbinden
  - zu einem Text Stellung nehmen
  - sinnentsprechend und sinngestaltend vorlesen
  - einen Text fortsetzen

Ethik

- Beispiele für Tierschutz nennen und Verantwortung gegenüber Tieren entwickeln

Zu den Kopiervorlagen

Hotte sucht einen Freund

Der gekürzte Textauszug stammt aus dem Buch „Hotte, Unzelfunzel und der neue Freund“ von Anne Steinwart. Die humorvolle Mutmachgeschichte zum Thema „Freundschaft“ ist eine motivierende Klassenlektüre ab Ende der ersten Klasse. Hotte ist umgezogen und wünscht sich einen Freund. Schon mehrmals ist ihm ein Junge auf einem tollen Fahrrad begegnet, aber Hotte traut sich nicht, ihn anzusprechen. Da taucht wie aus dem Nichts ein Wesen mit Wedelohren und Rüsselnase auf, das Hotte schon einmal (in einem Tagtraum) begegnet ist: das Unzelfunzel! Es gibt ihm gute Tipps, aber den mutigen ersten Schritt auf den fremden Jungen zu muss Hotte selbst machen.

Beim Betrachten des Bildes vom Unzelfunzel beschreiben die Kinder dessen Aussehen. Wer das nette, elefantenähnliche Wesen schon kennt (z. B. aus dem Buch „Hotte und das Unzelfunzel“), ergänzt weitere Informationen.

Nach dem Lesen und Klären von eventuellen Fragen äußern sich die Kinder zu folgenden Punkten: Welchen Tipp gibt das Unzelfunzel Hotte? (Hotte soll sich trauen, selbst den ersten Schritt zu machen und den anderen anzusprechen.) Was fällt Hotte an dem fremden Jungen auf? (Fahrrad, Helm.) Wie spricht Hotte den Jungen an? (Er macht ihm ein Kompliment.) Wie ist das bei dir? Traust du dich, fremde Kinder anzusprechen?

Anschließend unterstreichen die Schüler die direkte Rede mit verschiedenen Farben (Hotte, Unzelfunzel, Junge) und lesen mit verteilten Rollen. Die nicht unterstrichenen Passagen liest ein Erzähler.

Lösung

Aufgabe 2:

Der Junge klingelt ein paarmal ~~laut~~.
Hotte zuckt ~~plötzlich~~ zusammen.
Einer muss ~~immer~~ den Anfang machen.
Sich trauen konnte er noch nie ~~sehr~~ gut.

Anne Steinwart lebt dort, wo sie 1945 geboren wurde – in einer kleinen Stadt in Westfalen. Sie ist verheiratet, hat eine Tochter, einen Sohn und vier Enkelkinder. Nach der Ausbildung zur Rechtsanwalts- und Notariatsgehilfin arbeitete sie als Sekretärin in verschiedenen Büros. Schon als Jugendliche begann sie, selbst zu schreiben. 1987 erschien ihr erstes Kinderbuch. Inzwischen sind über vierzig Kinderbücher und viele Gedichte für Erwachsene von ihr erschienen.

Morgen Eis umsonst!

Sie können mit einem Gespräch über die Lieblingseissorte der Kinder oder direkt mit dem Text einsteigen. Nach dem Lesen äußern sich die Kinder zu Marios Werbegag, z. B.: „Das ist raffiniert. Es ist keine Lüge, weil ja nie morgen ist oder weil jedes Heute ein Morgen hat." Allerdings stellt sich die Frage, ob es klug ist, seine eigenen Kunden durch eine solche Aktion zu frustrieren. Zumal die aktuelle Kauflust (wie bei Ben) ja eingeschränkt wird.

Nach mehrmaligem Lesen können die Kinder den kurzen Sketch szenisch darstellen, z. B. auch bei einem Sommerfest.

Lösung

Aufgabe 1:

(...) ein Schild: *Morgen Eis umsonst!*

Henri und Pong-Pong

Der gekürzte Textauszug stammt aus dem Buch „Henri und Pong-Pong" von Rusalka Reh, das von der Begegnung zwischen dem Jungen Henri und dem Spatzen Pong-Pong erzählt: Ein Spatz ist von innen gegen die Fensterscheibe geflogen. Offenbar ist er irgendwie ins Haus gelangt und findet nun nicht mehr hinaus. Auf seiner Reise durch das Haus fasst der Vogel allmählich Vertrauen zu dem Jungen. Schließlich findet Pong-Pong mit Henris Hilfe den Weg zurück in die Freiheit.

Die Lektüre des Buches eignet sich besonders für jahrgangsgemischte Klassen nach Abschluss des Leselehrgangs. Gute Leser bewältigen den kompletten Text, weniger gute lesen nur die Gedanken des Spatzen in den Denkblasen. Durch die verschiedenen Sichtweisen von Pong-Pong und Henri machen sich die Kinder die unterschiedliche Wahrnehmung von Tier und Mensch bewusst und erkennen, wie Vertrauen entstehen kann.

Nach dem stillen Lesen des Textes auf dem Arbeitsblatt schreiben Sie die Standardfragen zum Erschließen eines Textes an die Tafel, die die Kinder mündlich beantworten:

- Wer? Wo? Wann? Was? Warum?
- Wer sind die Hauptpersonen? (Henri und Pong-Pong.)
- Wo spielt die Geschichte? (In Omas Haus am Waldrand.)
- Wann/Zu welcher Jahreszeit spielt die Geschichte? (Im Sommer.)
- Was geschieht? (Henri entdeckt im Zimmer einen Vogel.)
- Warum konnte das passieren? (Vermutlich ist der Vogel durch die Tür oder ein offenes Fenster hereingeflogen.)

Nach dem Ankreuzen einer möglichen Fortsetzung können die Kinder diese schriftlich oder mündlich ausformulieren. Natürlich dürfen sie auch ein eigenes Ende für die Geschichte finden.

Lösung

Aufgabe 1:

Fenster im Wohnzimmer

Rusalka Reh wurde 1970 in Australien geboren, wuchs in Deutschland auf und studierte Diplom-Heilpädagogik sowie Kunsttherapie in Köln. Bevor sie als freie Autorin tätig wurde, arbeitete sie als Kunsttherapeutin in Kinderheimen. Sie schreibt Romane, Kurzgeschichten und Hörspiele für Kinder, Jugendliche und Erwachsene. Ihre Bücher wurden vielfach übersetzt. Sie selbst übersetzt Literatur aus dem Englischen.

Das neugierige Kälbchen

Der kurze Text erinnert an eine Fabel: Das wissbegierige Kälbchen und seine schlaue Mutter können sprechen. Die Lehre ist: Wer nicht fragt, bleibt dumm. Allerdings erfährt man beim Fragen auch Dinge, die einem vielleicht nicht gefallen.

Nach dem Lesen können die Kinder weitere (Wiesen-) Blumen und weitere heimische Vögel benennen. Sprechen Sie auch Ernährungsgewohnheiten an: Manche Menschen essen kein Fleisch. Einigen schmeckt es nicht, andere lehnen den Fleischkonsum aus ökologischen oder religiösen Gründen ab, wieder andere haben Mitleid mit den Tieren. Auch diesen Text können die Kinder nach mehrmaligem Lesen szenisch darstellen.

Abschließend überlegen die Schüler, wie die Geschichte weitergehen könnte, z. B.: Nun hatte das Kälbchen Angst vor den Zweibeinern. Es rannte immer schnell weg, wenn es einen sah.

Die Kopiervorlage lässt sich gut mit dem Blatt „Welche Wiesenblume bin ich?" (Seite 64) kombinieren.

Lösung

Aufgabe 2:

grün unterstrichen: „Was ist das?" (dreimal)/„Aber ja, warum antwortest du nicht? Wie soll ich dann die Welt kennenlernen?"

rot unterstrichen: „Das ist ein Gänseblümchen, eine Glockenblume, ein Hahnenfuß"/„Eine Schwalbe, eine Lerche, eine Amsel"/„Willst du das wirklich wissen?"/„Es sind Entenfresser, Hühnerfresser, Kälbchenfresser – je nachdem"

Aufgabe 3:
Menschen

Aufgabe 4:
blau unterstrichen: Schwalbe, Lerche, Amsel
gelb unterstrichen: Gänseblümchen, Glockenblume, Hahnenfuß

KV Seite 47

Eine verrückte Geschichte
Die Texte der Seiten 47 und 48 eignen sich zur Differenzierung: Während langsamere Leser den kurzen Text „Eine verrückte Geschichte" lesen, lesen die anderen den längeren Text „Im Freibad". Das Lösen der Aufgaben erfordert aufmerksames Lesen und Mitdenken.

Lösung
Aufgabe 2:
Dann holen sie ihre Fahrräder aus dem Keller und flitzen damit zum Schwimmbad.
Sie nimmt Anlauf und springt vom Sprungbrett ins tiefe Wasser.

Aufgabe 3:
weit – heiß

KV Seite 48

Im Freibad
Nach einem Fahrradunfall sagt der neunjährige Tobi in Manfred Mais Buch „Tobi sagt, was Sache ist" schonungslos, was er denkt. Der Band, aus dem die Kopiervorlage einen Auszug bietet, liegt in drei Lesestufen vor. Er greift die Themen „Freundschaft", „Werte" und „Vorurteile" auf. Die drei Fassungen lassen sich parallel innerhalb einer Lerngruppe einsetzen und eignen sich optimal zur Differenzierung.

Das Freibadthema trifft auf eine hohe Motivation. Nach dem Lesen des Textes und spontanen Äußerungen der Kinder dazu können Sie das Gespräch auf folgende Schwerpunkte lenken: Wie würdest du dich fühlen, wenn du der dicke Mann wärst? Ist es auch dann gut, die Wahrheit zu sagen, wenn sie jemanden kränken kann? Nicht jeder will die Wahrheit hören. Auch das Sprichwort „Reden ist Silber, Schweigen ist Gold" weist darauf hin, dass es manchmal besser ist, nichts zu sagen. Denn was einmal gesagt ist, kann man nicht mehr zurücknehmen. Überlegen Sie am Ende gemeinsam, was der Vater zu dem Mann gesagt haben könnte. Sicher haben die Kinder einige Ideen, z. B.: Er entschuldigt sich für Tobis Verhalten. Knüpfen Sie daran an. Warum entschuldigt sich Tobi nicht gleich selbst? Er muss zwar immer die Wahrheit sagen, aber sich entschuldigen oder diesen Zustand erklären könnte er ja.

Lösung
Aufgabe 1:
Tobi – Vater – Philipp – Mutter – Mann

Aufgabe 2:
„Ich warte, bis Sie platzen."/„Wer so dick ist und dann noch so viel isst, muss doch irgendwann platzen."

Manfred Mai (geboren 1949 in Winterlingen) zählt zu den erfolgreichsten deutschen Kinder- und Jugendbuchautoren. Er wuchs auf einem Bauernhof auf, machte nach der Schule eine Malerlehre, arbeitete in einer Fabrik und leistete den Wehrdienst ab. In dieser Zeit las und lernte er viel. Anschließend holte er sein Abitur nach, studierte, wurde Lehrer und schließlich Schriftsteller. Inzwischen hat er etwa hundertfünfzig Bücher geschrieben, viele wurden in andere Sprachen übersetzt. Für sein Werk erhielt er einige Auszeichnungen und war u. a. für den Deutschen Jugendliteraturpreis nominiert.

KV Seite 49/50

Am silbernen See
Der gekürzte Textauszug aus dem Buch „Fliegender Pfeil" von Ingrid Uebe beschreibt eindringlich, wie tief die Angst, ausgelacht zu werden, sitzen kann. Gleichzeitig werden „Freundschaft" und „Rollenklischees" („... was du nie können wirst.") thematisiert. Überdies vermitteln die weiteren Kapitel des Buches viel Interessantes über das Leben der Lakota vor der Ausbreitung der Europäer in Nordamerika. Die Lektüre eignet sich ab Ende der ersten Jahrgangsstufe.

Nach dem Lesen des leicht verständlichen und anschaulichen Textes werden mögliche Fragen der Kinder geklärt. Die zweite Aufgabe verdeutlicht, wie sich ein Text kurz zusammenfassen lässt. Zudem üben die Kinder das Setzen der Punkte, das sie beim Schreiben von eigenen Texten oft vergessen. Der große Anfangsbuchstabe des nächsten Satzes hilft beim Aufspüren des Satzendes. Abschließend berichten die Kinder schriftlich im Heft oder mündlich über eigene Erfahrungen mit der Angst, ausgelacht zu werden.

Lösung
Aufgabe 2:
Kleine Wolke fordert ihren Freund *Fliegender Pfeil* zum Wettschwimmen heraus. *Fliegender Pfeil* ist einverstanden. Doch er kann nicht schwimmen. Aus Angst, ausgelacht zu werden, gibt er das nicht zu. Sofort versinkt er im See. Aber *Kleine Wolke* zieht ihn aus dem Wasser und rettet ihm das Leben.

Aufgabe 3:

a) „(...) Ich habe vieles gelernt, was du nie können wirst." – „(...) Bestimmt kann ich es besser als du."

b) Der Junge sah recht finster aus. – Fliegender Pfeil blickte stumm über den See. – Langsam trat er ins Wasser.

c) „(...) Ich hatte Angst, du würdest mich auslachen."

Ingrid Uebe (geboren 1932 in Essen, gestorben 2018 in Brühl) war eine deutsche Schriftstellerin. Nach der Schulzeit in Essen war sie in einer Zeitungsredaktion tätig und wurde schließlich Mitarbeiterin der Kulturredaktion der Neuen Ruhr Zeitung. Danach arbeitete sie als freie Journalistin für diverse Zeitungen, Zeitschriften und Rundfunkanstalten. Seit 1982 lebte sie als freie Schriftstellerin in Köln. Sie verfasste zahlreiche Bilder-, Kinder- und Jugendbücher, die in viele Sprachen übersetzt wurden.

KV Seite 51

Ferien mitten im Meer

Die Frage nach ihrem Lieblingstier beantworten viele Kinder mit „Delfin", auch wenn sie ihn meist nur aus Filmen, Büchern oder dem Zoo kennen. Der gekürzte Textauszug aus den Anfangskapiteln des Buches „Wer rettet den kleinen Delfin?" von Ingrid Uebe ist eine motivierende Hinführung zum Thema „Delfine". Ein achtsamer Umgang mit natürlichen Lebensräumen wird hier bereits angedeutet. Im weiteren Verlauf ihres Schiffsausflugs entdecken Hanna und Leon ein spielendes Delfinbaby, das sich kurz darauf in einem Fischernetz verfängt. Der Kapitän taucht und befreit den Meeressäuger. Auf einer Rettungsstation wird das Tier versorgt und später wieder in die Obhut seiner Mutter ins Meer entlassen.

Der Text des Arbeitsblatts regt die Kinder dazu an, sich einerseits ihr Vorwissen bewusst zu machen und sich andererseits Fragen zu überlegen. Nach dem Aufschreiben lesen die Kinder ihre Notizen vor, die Sie stichpunktartig an der Tafel sammeln können. Daraus lässt sich gemeinsam ein Steckbrief zum Delfin erarbeiten (siehe Infokasten rechts).

Delfin – Fisch oder Säugetier?

Delfine gehören zu den Walen und sind Säugetiere. Sie haben Lungen und tauchen zum Atmen auf. Alle paar Jahre bekommt ein Delfinweibchen ein Junges. Es wächst im Bauch heran. Die Mutter spritzt ihrem Baby die Milch in den Mund, weil es keine Lippen zum Saugen hat. Es bleibt bis zu sechs Jahre bei der Mutter.

Fische dagegen atmen durch Kiemen und nutzen den Sauerstoff im Wasser. Sie haben Schuppen. Fische bekommen einmal oder mehrmals im Jahr Hunderte von Jungtieren, die in Eiern außerhalb des Körpers heranwachsen.

Steckbrief Delfin

Größe: 2 bis 4 m
Gewicht: 100 bis 350 kg
Alter: 10 bis 50 Jahre
Nahrung: Fische
Lebensraum: alle Meere der Erde
Fortbewegung: schwimmt gleich nach der Geburt selbstständig; erreicht bis zu 55 km/h
natürliche Feinde: einige Haiarten, Schwertwal (Orca)
Sozialverhalten: lebt in Gruppen (Schulen)
Besonderheiten: Wenn der Delfin auf die Jagd geht, stößt er Schallwellen aus, die an den Fischen abprallen und wieder zu ihm zurückkehren. An diesen Echowellen erkennt der Delfin sein Beutetier. Auch untereinander verständigen sich Delfine mit schrillen Pfeiftönen über das Echo. Beim Delfin schläft immer nur die eine Hälfte des Gehirns. Die andere sorgt für die Atmung. Ein Auge bleibt offen und beobachtet die Umgebung. Delfine zählen zu den intelligentesten Tieren.

KV Seite 52

Ferien an der Nordsee

Der gekürzte Textauszug aus dem Buch „Jonas und der Heuler" von Barbara Wendelken eignet sich gut am Ende der zweiten Jahrgangsstufe. Einige Kinder kennen Robben bestimmt aus Filmen und Büchern. Vielleicht fährt auch das eine oder andere Kind an die Nordsee und kann dort die beliebten Tiere mit ihren großen Augen sehen.

Im Text auf der Kopiervorlage begegnen die Kinder dem Phänomen der Gezeiten (niederdeutsch „Tiden"): An vielen Meeresküsten wechseln Hochwasser und Niedrigwasser täglich. Die Zeit des ablaufenden Wassers, also die Zeit zwischen Hochwasser und Niedrigwasser, nennt man Ebbe. Die Zeit des ansteigenden Wassers, vom niedrigsten Wasserstand bis zum höchsten, nennt man Flut. Das dauert jeweils immer etwas mehr als sechs Stunden, sodass es täglich zwei Fluten und zwei Ebben gibt. Für die Gezeiten sind die Anziehungskräfte von Sonne und Mond und die Drehung der Erde verantwortlich. An den besonders flachen Küsten der Nordsee gibt es das einzigartige Wattenmeer.

Die Kinder äußern zur Überschrift „Ferien an der Nordsee" eigene Erfahrungen und ihre Leseerwartungen. Nach dem Lesen werden Fragen geklärt.

Abschließend können Sie einen Ausblick auf die weitere Handlung im Buch geben: Jonas sieht später Seehunde aus der Nähe und darf auch die Seehundstation besuchen.

Lösung

Aufgabe 2:

Bei Ebbe fließt das Wasser vom Strand weg.
Jonas kann den Meeresboden sehen.
Später steigt das Wasser wieder sechs Stunden lang.
Dann ist Flut.

Barbara Wendelken wurde 1955 in Schwanewede geboren. Heute lebt sie in Ostfriesland. Sie hat als Kinderkrankenschwester gearbeitet, bevor sie ihre Liebe zum Schreiben entdeckte. Aus ihrer Feder stammen zahlreiche Kinderbücher sowie Kriminalromane, aber auch Kurzgeschichten in Anthologien. Zu ihren größten Erfolgen zählen ihre Kinderkrimis mit Oskar Nusspickel, die im Hase und Igel Verlag erscheinen.

KV Seite 53

Eine Fundsache mit vier Pfoten

In dem Buch „Ein Zuhause für Brunhilde" von Mirjam Müntefering finden Sophie und Tom kurz vor den Sommerferien ein ausgesetztes Hundebaby. Sie nehmen das Findelkind mit nach Hause. Die Eltern erlauben ihnen, den Hund vorübergehend in Pflege zu nehmen. Nach und nach werden die Kinder vertraut mit den Pflichten, die ein Haustier mit sich bringt. Schließlich lassen sich ihre Eltern überzeugen, es dauerhaft aufzunehmen. In die Handlung sind viele Informationen über den artgerechten Umgang und die arbeitsintensive Pflege eines Hundes eingebettet.

Lesen Sie zum Einstieg in das Arbeitsblatt, das einen kurzen Textauszug bietet, folgenden Satz aus dem Buch vor: „Mitten auf dem Weg steht eine große Kiste, die den Durchgang versperrt." Die Kinder betrachten dazu das Bild auf dem Blatt und äußern Vermutungen über den Inhalt der Kiste. Anschließend lesen sie den Text auf dem Arbeitsblatt und bearbeiten die zweite Aufgabe. Danach stellt sich die Frage, ob die Kinder den Hund überhaupt mitnehmen dürfen. Wie gefundene Dinge sind auch Tiere bei der Polizei oder beim Fundbüro zu melden. Daran können sich Berichte von Hundebesitzern über die Bedürfnisse eines Hundes anschließen. Oder Kinder, die sich einen Hund wünschen, nennen Gründe für ihren Wunsch. Im Gespräch sollte deutlich werden, dass ein Haustier viel Zeit und Geld kostet und die Bedürfnisse des Tieres unbedingt erfüllt werden müssen.

Lösung

Aufgabe 2:

hellgrün: „Der kleine Hund ist so süß! Dürfen wir ihn behalten?"

gelb: „Ein Hund ist kein Kuscheltier, sondern macht viel Arbeit!"

Mirjam Müntefering (geboren 1969 in Neheim-Hüsten, Sauerland) ist eine deutsche Journalistin und Schriftstellerin. Nach dem Studium der Theater- und Filmwissenschaften und ihrer Ausbildung zur Fernsehjournalistin arbeitete sie einige Jahre in diesem Beruf. 1998 veröffentlichte sie ihren ersten Roman. Seit 2000 ist sie Inhaberin einer Hundeschule in Hattingen.

KV Seite 54/55

Klappi und Punkta in Gefahr

Der Textauszug stammt aus dem Buch „Storchennest in Gefahr" von Judith Le Huray: Emil, Leo und Fine sind begeistert, als sich am Schwappsee ein Storchenpaar zum Brüten niederlässt. Doch der geschäftstüchtige Gastwirt Winkler will das marode Haus mit dem Storchennest abreißen und dort einen Parkplatz bauen. Die drei Kinder setzen alle Hebel in Bewegung, um Herrn Winkler von seinem Vorhaben abzubringen.

So können Sie zum Text hinführen: Die Geschichte „Klappi und Punkta in Gefahr" erzählt von zwei Störchen. Welche Gefahr könnte ihnen drohen? Nachdem die Kinder ihre Vermutungen geäußert haben, lesen sie mit dem Stift (siehe Seite 5) und unterstreichen unklare Wörter (z. B. Jägerstand, Seilwinde, ramponiert, Horst, Brutstätte), die anschließend geklärt werden. Das Bearbeiten der Aufgaben 2 und insbesondere 3 erfordert ein erneutes Nachlesen im Text.

Wenn das Buch im Klassenzimmer ausliegt, können neugierige Leser abschließend im Buch ermitteln, wie die Geschichte dort weitergeht: Emil bekommt die Schnur der Seilwinde um den Bauch und verstaut das Küken unter seiner Jacke. Dann steigt er in die Baggerschaufel. Vorsichtig fährt der Bauarbeiter Emil nach oben. Nach ein paar gefährlichen Schritten über das alte Dach gelingt es dem Jungen, das Küken zurück ins Nest zu setzen.

Lösung

Aufgabe 2:

Im Sturm ist ein Baum auf das Storchennest gestürzt. Die Eltern und ein Küken sind unverletzt. Doch das andere Küken ist aus dem Nest gefallen.

Aufgabe 3:

Leo, Emil, Fine, der Jäger (Herr Walz), Herr Winkler und ein Bauarbeiter.

Judith Le Huray (geboren 1954 in Passau) ist eine deutsche Kinder- und Jugendbuchautorin. Nach ihrer Arbeit als Erzieherin in Stuttgart eröffnete sie 1992 ein Tanzstudio. Sie wohnt am Fuß der Schwäbischen Alb. Seit 2011 ist das Schreiben ihr Hauptberuf. Ihre Bücher werden häufig als leicht zu lesende Klassenlektüre eingesetzt. Mit weit über hundert Lesungen pro Jahr ist sie viel im deutschsprachigen Raum unterwegs.

Das **Lesetandem** ist eine Leseübung in Partnerarbeit. Nach Ihrer Einteilung lesen dabei ein guter Leser – der „Trainer" – und ein weniger guter Leser – der „Sportler" – zusammen. Beide lesen halblaut im Chor. Der Trainer passt sein Tempo dem Sportler an und korrigiert ihn bei einem Lesefehler. Danach setzen beide am Satzanfang neu an und lesen gemeinsam weiter. Fühlt sich der Sportler sicher, tippt er dreimal mit dem Finger auf den Tisch und zeigt so, dass er allein weiterlesen kann. Der Text wird viermal gelesen. Während der Trainer seine Lesefähigkeit immer weiter ausbaut, kann der Sportler sich Artikulation, Rhythmus und Satzmelodie vom Tandempartner „abgucken". Wichtig ist es, die Übung im Voraus gut zu erklären. Weisen Sie auch darauf hin, dass ein Fehler nicht schlimm ist, wenn er verbessert wird (nach: C. Rosebrock, D. Nix, C. Rieckmann, A. Gold, Leseflüssigkeit fördern. Lautleseverfahren für die Primar- und Sekundarstufe, Kallmeyer/Klett 2011).

KV Seite 56/57

Jorinde und Joringel

In diesem – hier stark gekürzten – Zaubermärchen geht es um das Bewältigen von Gefahren und Überwinden von Ängsten. Joringels Liebe und Treue sowie Magie verhelfen dem Guten zum Sieg. Joringel befreit Jorinde aus ihrer Gefangenschaft, nicht mit einer Waffe, sondern mit einer magischen Blume. Im Gegensatz zu anderen Märchen wird die Hexe am Ende nicht bestraft.

Die guten Leser erschließen den Text für sich, während Sie mit den anderen Kindern zusammen lesen. So können Sie jeweils einen Satz lesen, während die Kinder reihum im Wechsel den nächsten Satz vortragen. Stockt ein Kind, lesen Sie wie beim Lesetandem mit ihm zusammen den ganzen Satz nochmals (siehe Infokasten links).

Vor dem Bearbeiten der zweiten Kopiervorlage werden offene Fragen geklärt und die Kinder benennen die Hauptpersonen. Dann wählen sie aus Adjektiven an der Tafel oder am Whiteboard diejenigen aus, die zu Joringel passen, und begründen ihre Wahl: alt – traurig – mutig – schwach – untreu – liebevoll – jung – froh – gedankenlos – verzweifelt – stark – treu – gleichgültig – nachdenklich. Dabei kommt es immer auf die Begründung an: Wählt ein Kind beispielsweise das Adjektiv „gedankenlos" und argumentiert so, dass Joringel zunächst gedankenlos in ein anderes Dorf gezogen ist, so ist dies nicht als falsch zu werten.

Lösung

Aufgabe 2:

Die alte Hexe wohnt in einem Schloss.
Das Schloss steht mitten in einem Wald.
Hundert Schritte um das Schloss herum ist alles verzaubert.
Die Hexe verwandelt Jorinde in eine Nachtigall.
Ein Traum zeigt Joringel den Weg zur Rettung.
Eine Blume hilft Joringel, Jorinde zu erlösen.

Aufgabe 3:

Einmal gingen sie im Wald spazieren.
Er ging mit der Blume zum Schloss.

Die **Brüder Jacob Grimm** (1785–1863) und **Wilhelm Grimm** (1786–1859) sammelten mündlich überlieferte Märchen und schrieben sie auf. Der erste Band der „Kinder- und Hausmärchen" erschien 1812, der zweite 1815. Die „Kinder- und Hausmärchen" gelten als eine klassische Märchensammlung der Weltliteratur. Beide Brüder sind in Hanau geboren, studierten in Marburg Rechtswissenschaft, lebten dann in Kassel und Göttingen und von 1840 bis zu ihrem Tod in Berlin. Die Brüder sind zentrale Wegbereiter der Germanistik.

Name: Datum:

Hotte sucht einen Freund

1. Lies den Text.

Hotte ist in den Ferien umgezogen. Er läuft ganz allein durch die neue Siedlung. Alleinsein ist fast so schlimm wie Zahnweh. Vor dem Spielplatz kommt ihm ein Junge entgegen. Er hat ein tolles Fahrrad und einen besonders coolen Helm. Der Junge klingelt ein paarmal.
„Hallo“, sagt Hotte schüchtern. Da ist der Junge schon ein Stück weitergefahren.
Hotte hockt sich auf die Schaukel und starrt eine Weile vor sich hin.
„Ich hab dich und den Jungen vorhin gesehen und gehört.“
Hotte zuckt zusammen. Wer spricht hier durch die Nase? – Unzelfunzel ist da! Das merkwürdige Wesen mit der Rüsselnase und den großen Wedelohren!
„Kann sein, dass ihr gut zusammenpasst“, sagt Unzelfunzel. „Aber erst mal muss sich einer trauen. Einer muss den Anfang machen.“
„Ich kann das nicht“, sagt Hotte sofort. Sich trauen konnte er noch nie gut. Das weiß er.
„Schisshase“, sagt Unzelfunzel und guckt Hotte ganz lieb an.
„So was sagt man nicht“, sagt Hotte. „Du bist selber ein Schisshase. Du altes Rüsselmonster! Du Ukus Urus Unzelfunzel! Runzelfunzel! Schmunzelfunzel!“
„Achtung! Da kommt wer!“, sagt Unzelfunzel und ist im selben Moment verschwunden.
Der Junge mit dem Fahrrad kommt auf den Spielplatz! Er klingelt und bremst.
Hotte hält ganz kurz die Luft an. Dann schluckt er und sagt: „Dein Helm ist supercool!“
„Wie heißt du?“, fragt der Junge.
„Hotte! Und du?“
Der Junge grinst. „Hotte!“, sagt er. „Komischer Name! Ich heiße Dino.“
„Noch komischer“, sagt Hotte und grinst auch.

nach: Anne Steinwart, Hotte, Unzelfunzel und der neue Freund, Hase und Igel Verlag, München 2016
Illustration: Fides Friedeberg

2. Suche diese Sätze im Text oben. Streiche in jedem Satz das Wort durch, das zu viel ist.

Der Junge klingelt ein paarmal laut.
Hotte zuckt plötzlich zusammen.
Einer muss immer den Anfang machen.
Sich trauen konnte er noch nie sehr gut.

Name: Datum:

Morgen Eis umsonst!

1. Lies und unterstreiche Marios Werbetrick.

Am Samstag wollen sich Sofie und Ben an Marios Eisstand ein Eis kaufen. Sie stellen sich in der langen Schlange an und überlegen, welches Eis sie sich kaufen wollen.
„Ich nehme nur Vanille. Das schmeckt mir am besten“, meint Sofie.
Ben sagt: „Ich mag am liebsten Schokolade und Nuss.“
Endlich sind sie an der Reihe. Da sehen sie ein Schild: *Morgen Eis umsonst!*
„Dann nehme ich heute nur ein kleines Eis und morgen hole ich mir dafür ein Rieseneis“, meint Ben.

Am nächsten Tag kommen die beiden wieder und verlangen einen extra großen Becher mit ihrem Lieblingseis.
„Das macht für jeden 6,50 Euro!“, sagt Mario.
„Wieso?“, rufen Sofie und Ben entgeistert. „Wir haben doch gestern das Schild gesehen: Morgen Eis umsonst! Und heute ist doch morgen.“
„Nee“, meint Mario und zwinkert listig mit den Augen. „Heute ist heute und morgen ist morgen.“

**2. Wie findest du Marios Trick?
Schreibe deine Meinung auf.**

3. Welche Werbesprüche kennst du?

Name: Datum:

Henri und Pong-Pong

1. Lies und unterstreiche: Wogegen ist Pong-Pong geflogen?

Henri verbringt den Sommer in Omas Haus am Waldrand. Eines Tages ist Henri allein im Haus. Da hört er ein wildes Flattern. PONG! Und noch mal: PONG! Langsam geht Henri zum Fenster im Wohnzimmer. Von dort kam nämlich das Geräusch. Gaaanz laaangsaaam schleicht Henri um den Sessel herum. Dahinter leuchtet hell das große Fenster. Es ist zu. Henris Herz klopft. Er schaut auf den Fußboden. Dort sitzt ein kleiner Vogel. Er hat hellbraune und dunkelbraune Federn. Ein Spatz!

„Hallo! Hast du dir wehgetan?", fragt Henri leise. Langsam geht er in die Hocke. Der Spatz sitzt still und stumm. „Ich bin Henri. Weißt du was? Ich nenne dich Pong-Pong."
Pong-Pong hat Augen wie schwarze Mini-Knöpfe. Er legt den Kopf schief und sieht Henri knopfig an. Wie niedlich der Spatz ist! Plötzlich hebt er die Flügel und flattert. Und fliegt los!
„Hey! Wo willst du denn hin?", ruft Henri. „Hab doch keine Angst! Ich tu dir nichts!"

nach: Rusalka Reh, Henri und Pong-Pong, Hase und Igel Verlag, München 2019, Illustration: Petra Lefin

2. Wie würdest du die Geschichte fortsetzen? Kreuze an.

- ☐ Henri macht das Fenster auf und Pong-Pong fliegt schnell hinaus.
- ☐ Mit viel Geduld baut Henri Vertrauen zu Pong-Pong auf. Am Ende trägt er den Vogel vorsichtig ins Freie.
- ☐ Henri stülpt eine Schuhschachtel über Pong-Pong und trägt ihn in den Garten. Dort fliegt Pong-Pong ängstlich weg.

Name: Datum:

Das neugierige Kälbchen

1. Lies die Geschichte.

Es war einmal eine Kuh, die hatte ein Kälbchen. Das Kälbchen war sehr neugierig. Wenn es auf der Weide spazieren ging und eine Blume sah, fragte es: „Was ist das?"
„Das ist ein Gänseblümchen, eine Glockenblume, ein Hahnenfuß", antwortete die Kuh – je nachdem.
Und wenn das Kälbchen einen Vogel im Baum sitzen oder wegfliegen sah, rief es: „Was ist das?"
„Eine Schwalbe, eine Lerche, eine Amsel", antwortete die Kuh – je nachdem.
Einmal kamen ganz seltsame Wesen zu der abgelegenen Weide. Sie hatten nur zwei Beine, konnten aber ganz gut damit laufen. Außerdem hatten sie bunte Sachen an und auf dem Kopf hatten sie lockiges Fell. Das Kälbchen fand die Zweibeiner sehr komisch und fragte wieder: „Was ist das?"
„Willst du das wirklich wissen?", sagte die Kuh ernst.
„Aber ja, warum antwortest du nicht? Wie soll ich dann die Welt kennenlernen?", sagte das Kälbchen.
„Es sind Entenfresser, Hühnerfresser, Kälbchenfresser – je nachdem", sagte die Kuh.

aus: Ursel Scheffler, Gute Nacht, kleine Maus, Verlag Herder, Freiburg im Breisgau 1983

2. Unterstreiche passend.

Was sagt das Kälbchen? Unterstreiche grün.

Was sagt die Kuh? Unterstreiche rot.

3. Wer sind die komischen Zweibeiner?

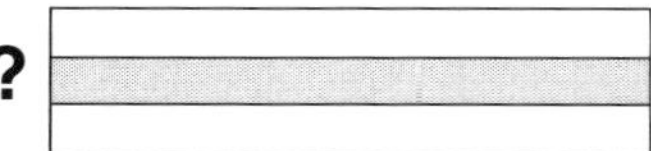

4. Unterstreiche die Namen der Vögel blau, die Namen der Blumen gelb.

Name: Datum:

Eine verrückte Geschichte

1. Lies den Text.

Schon am Vormittag ist es heiß. Trixi und Balduin packen ihre Schwimmsachen zusammen. Dann holen sie ihre Fahrräder aus dem Sprungbrett und flitzen damit zum Schwimmbad. Zum Glück ist es nicht weit. Rasch ziehen sie sich um. Sie können es kaum erwarten. Halt! Zuerst noch unter die kalte Dusche. Trixi klettert als erste auf das Drei-Meter-Brett. Sie nimmt Anlauf und springt vom Keller ins tiefe Wasser.
„Toll!", ruft Balduin. „Das mach ich auch."

2. Welche zwei Wörter wurden vertauscht?
Unterstreiche sie oben im Text.
Schreibe die beiden falschen Sätze richtig auf.

3. Hier wurden zwei andere Wörter vertauscht. Unterstreiche sie.

Schon am Vormittag ist es weit. Trixi und Balduin packen ihre Schwimmsachen zusammen. Dann holen sie ihre Fahrräder aus dem Keller und flitzen damit zum Schwimmbad. Zum Glück ist es nicht heiß. Rasch ziehen sie sich um. Sie können es kaum erwarten. Halt! Zuerst noch unter die kalte Dusche. Trixi klettert als erste auf das Drei-Meter-Brett. Sie nimmt Anlauf und springt vom Sprungbrett ins tiefe Wasser.
„Toll!", ruft Balduin. „Das mach ich auch."

Name: Datum:

Im Freibad

1. Lies den Text und unterstreiche jede Person einmal.

In dieser Geschichte geht es um Tobi, der nach einem Fahrradunfall nicht mehr lügen kann. Immer muss er die Wahrheit sagen, egal wie unangenehm, peinlich oder frech sie auch ist.

Im Freibad war viel Betrieb. Tobi und seine Eltern fanden gerade noch ein kleines Plätzchen auf der Wiese. Als die Luftmatratze aufgeblasen war, gingen Tobi und sein Vater zum Wasser. Tobi sprang ins Becken. Da kam sein Vater auf der Luftmatratze an. Tobi kippte blitzschnell die Matratze um. Der Vater prustete wie ein Ertrinkender. Dann schnappte er sich Tobi, hob ihn hoch und warf ihn ins Wasser. Auf einmal entdeckten sie Tobis Freund Philipp und zu dritt hatten sie noch mehr Spaß.

„Ich kann nicht mehr", stöhnte der Vater nach einer Weile. „Lasst mich mal verschnaufen."
Zurück am Platz holte Tobi ein Spiel aus der Tüte. Philipp und er wollten „Mensch ärgere dich nicht" spielen. Die Mutter hatte keine Lust. Der Vater wollte sich noch ein wenig ausruhen.

„Immer ausruhen", meckerte Tobi. „Das ist doch langweilig." Er drehte seinen Eltern den Rücken zu. Ihm gegenüber saß ein dicker Mann und mampfte Würstchen. Dazu trank er Bier. Tobi guckte ihm die ganze Zeit zu.

„Is' was?", fragte der dicke Mann.

„Ich warte, bis Sie platzen."

„Platzen?"

„Ja", antwortete Tobi. „Wer so dick ist und dann noch so viel isst, muss doch irgendwann platzen."

„Halt dein freches Maul, sonst setzt's was!", drohte der dicke Mann und erhob sich. Vorsichtshalber suchte Tobi das Weite und beobachtete, wie sein Vater mit dem Mann redete. Plötzlich tippte sich der an die Stirn und marschierte mit seinem Stuhl davon.
Tobi lief zurück. „Der hat doch wirklich ausgesehen, als würde er bald platzen."

„Aber so etwas sagt man nicht", ermahnte ihn die Mutter.

*nach: Manfred Mai, Tobi sagt, was Sache ist / Level 2,
Hase und Igel Verlag, München 2019
Illustration: Anja Mo Kast*

2. Unterstreiche im Text: An welchen Stellen sagt Tobi etwas, das man so normalerweise nicht sagt?

Name: Datum:

Am silbernen See (1)

1. Lies den Text.

Der Indianerjunge *Fliegender Pfeil* war acht Jahre alt und gehörte nun zu den Großen. Er lernte reiten und jagen. Deshalb hatte er seine siebenjährige Freundin *Kleine Wolke* lange nicht mehr gesehen. Doch beim Dorffest trafen sie sich wieder.
„Ich grüße dich, *Fliegender Pfeil*. Wie geht es dir denn bei den Großen?", fragte *Kleine Wolke*.
„Es geht mir sehr gut. Ich habe vieles gelernt, was du nie können wirst."
Kleine Wolke hob stolz den Kopf und fragte: „Hast du auch schwimmen gelernt? Ich kann es inzwischen sehr gut."
Fliegender Pfeil sah sie nicht an, als er antwortete: „Natürlich. Bestimmt kann ich es besser als du."
Kleine Wolke lachte. „Das musst du mir erst beweisen! Lass uns im Silbernen See um die Wette schwimmen. Am besten gleich morgen."
Fliegender Pfeil hob die Schultern und sagte: „Wenn du unbedingt willst. Morgen bei Sonnenaufgang am Silbernen See."
Kleine Wolke und *Fliegender Pfeil* waren pünktlich zur Stelle.
Der Junge sah recht finster aus.
Kleine Wolke sprang ins Wasser und rief: „Komm, *Fliegender Pfeil!* Wir schwimmen los – bis zum anderen Ufer und wieder zurück! Wer zuerst wieder hier ist, hat gesiegt."
Fliegender Pfeil blickte stumm über den See.
Er musste schwimmen! Er musste siegen!
Langsam trat er ins Wasser.
Kleine Wolke stellte sich neben ihn und fragte: „Bist du bereit?"
Fliegender Pfeil nickte. Beide warfen sich in derselben Sekunde vornüber ins Wasser.
Schon schoss *Kleine Wolke* wie ein Fisch davon.
Doch *Fliegender Pfeil* versank wie ein Stein. Wie rasend bewegte er Arme und Beine, tauchte auf und ging unter.

Name: Datum:

Am silbernen See (2)

Er schluckte und atmete nichts als Wasser. Er bekam keine Luft. Er berührte den Grund. In diesem Moment fasste ihn jemand unter den Armen und zog ihn nach oben.
Bald darauf lag er keuchend im Sand. *Kleine Wolke* kniete neben ihm und sah ihn besorgt an.
Als *Fliegender Pfeil* wieder sprechen konnte, sagte er: „Du hast mir das Leben gerettet. Ich kann gar nicht schwimmen. Ich wollte es nur nicht zugeben. Ich hatte Angst, du würdest mich auslachen."
Kleine Wolke schüttelte ernst den Kopf. „Freunde lachen sich niemals aus!"

nach: Ingrid Uebe, Fliegender Pfeil, Hase und Igel Verlag, München 2005, Illustration: Sabine Scholbeck

2. Lies die Zusammenfassung und setze nach jedem Satz einen Punkt.

Kleine Wolke fordert ihren Freund *Fliegender Pfeil* zum Wettschwimmen heraus *Fliegender Pfeil* ist einverstanden Doch er kann nicht schwimmen Aus Angst, ausgelacht zu werden, gibt er das nicht zu Sofort versinkt er im See Aber *Kleine Wolke* zieht ihn aus dem Wasser und rettet ihm das Leben

3. Unterstreiche im Text diese Stellen mit verschiedenen Farben.

a) *Fliegender Pfeil* gibt mächtig an. (zwei Sätze)
b) *Fliegender Pfeil* hat Angst vor dem Wettschwimmen. (drei Sätze)
c) Warum gibt *Fliegender Pfeil* nicht zu, dass er nicht schwimmen kann?
d) Welcher Satz gefällt dir besonders?

4. Hattest du schon einmal Angst, dass andere dich auslachen? Erzähle.

Name: Datum:

Ferien mitten im Meer

1. Lies den Text. Stell dir Hanna und Leon auf dem Schiff vor.

Hanna und Leon verbringen die Ferien bei ihrer Tante Birgit auf einer Insel mitten im Meer. Sie wohnt nicht weit vom Strand in einem schönen Haus zwischen Feigenbäumen und Palmen. Aber am allerbesten finden Hanna und Leon, dass es in diesem Meer echte Delfine gibt. Für die beiden sind das die schönsten Tiere der Welt. Drei Tage sind schon vergangen und noch kein Delfin hat sich sehen lassen.
„Bis Sonntag müsst ihr euch noch gedulden", sagt Tante Birgit. „Dann gehen wir an Bord der Santa Maria."

Die Santa Maria verlässt den Hafen. Das Meer tut sich auf. Hanna und Leon halten Ausschau nach den Delfinen.
„Schaut mal nach unten!", sagt Tante Birgit. „Da könnt ihr sie sehen!"
Unten im glasklaren Wasser gleich neben dem Schiff schwimmen sie – die Delfine.
Nach einer Weile hebt sich der erste Delfin aus dem Wasser und wagt einen Luftsprung.
„Ah!", machen alle Leute an Bord der Santa Maria. Manche klatschen auch Beifall.
Den Delfinen scheint das zu gefallen. Immer mehr springen hoch und tauchen dann wieder hinab. Es sieht wunderbar aus, elegant und vergnügt.

nach: Ingrid Uebe, Wer rettet den kleinen Delfin?, Hase und Igel Verlag, München 2012
Illustration: Sabine Scholbeck

2. Hast du schon einmal einen lebenden Delfin gesehen? Wenn ja, wo?

☐ ja ☐ nein

3. Was weißt du schon über Delfine?

4. Was möchtest du gern über Delfine wissen?

Name: Datum:

Ferien an der Nordsee

1. Lies den Text. Stelle dich in Gedanken mit Jonas ans Meer.

Der achtjährige Jonas ist zum ersten Mal an der Nordsee. Er besucht dort seine große Schwester Sabine. Sie arbeitet in einer Seehundstation. Aber jetzt hat sie frei und viel Zeit für Jonas. Nachdem Jonas seinen Koffer ausgepackt hat, will er unbedingt ans Meer. Doch zu seiner großen Enttäuschung sieht man überhaupt kein Wasser. „Wo ist denn die Nordsee? Ich sehe nur Sand“, beschwert er sich.

„Jetzt ist Ebbe“, erklärt Sabine. „Da ist das Wasser ganz weit weg. Wenn die Flut kommt, steht hier alles unter Wasser.“

„Ebbe? Flut? Was soll das denn sein?“, will Jonas wissen. „Und was ist das für ein Meer, das mal da ist und mal nicht?“

„Es gibt zwei Gezeiten. Sie heißen Ebbe und Flut. Bei Ebbe verschwindet das Wasser, so wie jetzt. Bei Flut reicht es bis an den Strand. Das Ab- und Auflaufen des Wassers dauert jedes Mal etwa sechs Stunden. Dieses Land, das mal über und mal unter Wasser liegt, nennt man Wattenmeer. Das Wattenmeer ist etwas ganz Besonderes, Jonas. Es ist einmalig auf der ganzen Welt. Und hier leben die Seehunde.“

Jonas schaut sich um. „Wo? Ich seh keinen Seehund.“

„Nee, natürlich nicht. Seehunde sind scheue Wildtiere. Die halten sich nicht dort auf, wo Menschen sind. Die liegen jetzt irgendwo auf einer einsamen Sandbank und sonnen sich.“

nach: Barbara Wendelken, Jonas und der Heuler, Hase und Igel Verlag, München 2004
Illustration: Irene Mohr

2. Setze die Wörter passend ein.

Flut sehen

Wasser sechs

Bei Ebbe fließt das ______ vom Strand weg.

Jonas kann den Meeresboden ______.

Später steigt das Wasser wieder ______ Stunden lang.

Dann ist ______.

Name: Datum:

Eine Fundsache mit vier Pfoten

1. Lies den Text.

„Wer schmeißt denn hier einfach einen Karton auf den Weg? Das ist doch Umweltverschmutzung!“, ärgert sich Tom und geht langsam näher heran.
„Ob was drin ist?“, überlegt Sophie und späht neugierig durch einen Schlitz im zusammengeklappten Deckel. Aber in dem Karton ist es dunkel. Da ertönt ein Geräusch. Tom und Sophie zucken zusammen und starren auf die Kiste.
„Was war das denn?“, flüstert Tom.
„Ach herrje!“, wispert Sophie. „Da ist was Lebendiges drin.“
Vorsichtig fassen die Zwillinge zwei Ecken des Deckels an und ziehen ein bisschen. Langsam, ganz langsam öffnet sich die Kiste. Aufgeregt starren Tom und Sophie hinein, direkt in zwei runde, braune Augen.
„Ein Hund“, haucht Sophie. „Es ist ein kleines Hundebaby.“
Tom kann nicht antworten. Wie niedlich der kleine Hund ist! Seine dunklen Augen schauen die Kinder fragend an. Die winzige, schwarze Nase glänzt im hellbraunen Gesicht. Jetzt streckt er sich und versucht, aus dem Karton herauszuklettern. Dabei winselt er herzzerreißend. Sophie ist ganz aus dem Häuschen. „Mensch, Tom, bestimmt hat ihn jemand ausgesetzt! Wir müssen ihn unbedingt mitnehmen, sonst stirbt er – so ganz allein. Vielleicht erlaubt Mama ja, dass wir ihn behalten“, sprudelt sie aufgeregt hervor.
Tom muss schlucken. So etwas Ähnliches hat er sich auch schon gedacht. Aber … „Mama und Papa werden es ganz sicher nicht erlauben“, brummt er missmutig.

nach: Mirjam Müntefering, Ein Zuhause für Brunhilde, Hase und Igel Verlag, München 2015
Illustration: Renate Emme

2. Lies die Sätze. Was sagen die Eltern? Male die Sprechblase gelb an. Was sagen die Zwillinge? Male hellgrün an.

Der kleine Hund ist so süß! Dürfen wir ihn behalten?

Ein Hund ist kein Kuscheltier, sondern macht viel Arbeit!

Name: Datum:

Klappi und Punkta in Gefahr (1)

1. Lies und unterstreiche unklare Wörter mit Bleistift.

Auf dem Kamin eines alten Hauses am Waldrand haben Leo, Fine und Emil Störche entdeckt. Täglich beobachten sie die Vögel und deren Jungen mit ihrem Fernglas von einem Jägerstand. Auch nach einem nächtlichen Unwetter sind sie wieder dort.
„Oh nein!", kreischt Leo.
„Der Baum!", schreit Emil.
„Er ist direkt aufs Nest gefallen", wimmert Fine.
Leos Augen füllen sich mit Tränen. „Sind die Störche jetzt tot?"
Da kommt ein riesiger Vogel angeflogen. Aufgeregt flattert er aufs Dach, krächzt und klappert. Immer wieder pickt er mit dem Schnabel an die Äste der umgestürzten Fichte.
Emil erkennt ihn durch sein Fernglas. „Klappi! Er lebt", stellt er erleichtert fest.
„Aber die anderen?" Leo zieht die Nase hoch.
Ein Stück entfernt sind Stimmen zu hören.
„Das ist Herr Walz, der Jäger. Mit Herrn Winkler", meint Leo.
„Sie müssen uns helfen!", ruft Fine.
„Die Störche … ein Baum … das Nest … alles kaputt", schluchzt Leo verzweifelt.

„Ich habe einen Bagger auf der Baustelle. Mit Seilwinde", sagt Herr Winkler. „Und einer der Bauarbeiter ist heute auch da."
Wenig später fährt der Bagger lärmend über den Weg. Der Bauarbeiter bindet eine dicke Schnur um den Stamm. Mit einer Seilwinde wird er den Baum vom Haus ziehen.
„Mann, das dauert ja ewig", jammert Leo.
Plötzlich beginnt der Baum vom Dach zu rutschen. Krachend stürzt er zu Boden. Klappi kreischt und flattert aufgeregt davon. Doch bald kommt er zurück und landet neben dem ramponierten Horst.
Die Kinder halten die Luft an. Und dann sehen sie, dass sich noch etwas bewegt.
„Punkta!", jubelt Leo.
„Sie lebt!", freut sich Fine.
Punkta scheint unverletzt zu sein. In der Brutstätte entdeckt Emil mit dem Fernglas ein Küken. Es hebt sein Köpfchen und sperrt gierig den Schnabel auf. Angestrengt sucht er nach dem zweiten Storchenbaby. Doch das ist nirgends zu sehen. „Eines der Jungen fehlt!", ruft er entsetzt. „Es muss aus dem Nest gefallen sein."
Zu sechst suchen sie den Waldboden ab. Fünf Minuten. Zehn Minuten. Gerade als sie aufgeben wollen, ruft Herr Winkler: „Da liegt ein grauer Piepmatz! Ich glaub, der ist tot."

Name: Datum:

Klappi und Punkta in Gefahr (2)

„Oh nein!“ Emil ist gleich zur Stelle. Traurig hebt er das reglose Küken vom Boden auf. „Es ist noch ganz warm.“
Fine betrachtet den Kleinen. „Vermutlich stellt er sich nur tot“, meint sie. „Das machen Störche bei Gefahr.“
Herr Walz nickt. „Wenn er lebt, muss er gefüttert werden. Aber wie kommt er ins Nest?“

nach: Judith Le Huray, Storchennest in Gefahr, Hase und Igel Verlag, München 2019
Illustrationen: Ulrike Baier

2. Was stimmt? Lies nach und kreuze an.

- ☐ Ein heftiger Sturmwind hat das Storchennest vom Haus geblasen. Die Störche sind nicht zu sehen.
- ☐ Im Sturm ist ein Baum auf das Storchennest gestürzt. Die Eltern und ein Küken sind unverletzt. Doch das andere Küken ist aus dem Nest gefallen.
- ☐ Ein Bagger reißt das alte Haus ab. Dabei zerstört er das Storchennest und vertreibt die Störche.

3. Welche sechs Personen suchen das Küken auf dem Waldboden?

4. Wie könnte das Küken wieder ins Nest kommen? Schreibe auf.

Name: Datum:

Jorinde und Joringel (1)

1. Lies den Text.

Es war einmal ein altes Schloss mitten in einem großen Wald. Darinnen wohnte eine alte Zauberin. Die Hexe hatte das ganze Schloss verzaubert. Jeder, der dem Schloss auf hundert Schritte nahe kam, konnte sich nicht mehr rühren, bis die Hexe ihn erlöste. Und wenn es ein junges Mädchen war, so verwandelte die Hexe dieses in eine Nachtigall und sperrte es in einen Käfig. Im Schloss hatte sie bereits Tausende von Käfigen mit Vögeln.

In der Nähe des Schlosses lebten Jorinde und Joringel. Die beiden wollten bald heiraten. Einmal gingen sie im Wald spazieren. Obwohl sie die Gefahr kannten, kamen sie zu nahe ans Schloss. Die Hexe verwandelte Jorinde in eine Nachtigall. Joringel dagegen konnte sich nicht mehr bewegen, nicht sprechen und nicht einmal weinen. Er stand da wie ein Stein, bis die Hexe ihn erlöste. Sogleich fiel er vor der Hexe auf die Knie und flehte, sie möge ihm seine Braut Jorinde wiedergeben. Die Hexe aber fing die Nachtigall ein und steckte sie in einen Käfig.

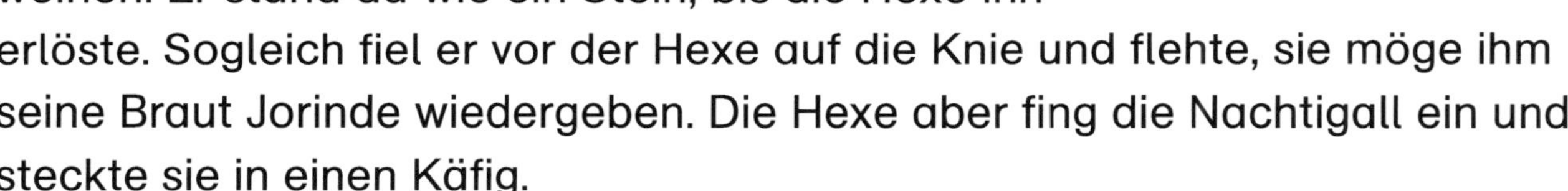

Joringel war verzweifelt und ging fort in ein fremdes Dorf. Dort hütete er lange Zeit Schafe. Eines Nachts träumte er: Er fände eine blutrote Blume mit einer Perle in der Mitte. Mit dieser Blume könne er allen Zauber auflösen und seine Jorinde wiederbekommen.

Von nun an suchte er eine solche Blume in Berg und Tal. Am neunten Tag schließlich fand er in der Frühe die blutrote Blume. Ein Tautropfen in ihrer Mitte glänzte wie die schönste Perle. Er ging mit der Blume zum Schloss und es war ihm möglich, die magische Grenze zu überschreiten. Als er das Tor mit der Blume berührte, sprang dieses auf. Im Schloss fand er viele Tausend Nachtigallen in Käfigen. Wie sollte er da seine Jorinde finden? Doch als die Hexe mit einem Käfig fliehen wollte,

Name: Datum:

Jorinde und Joringel (2)

berührte Joringel sie mit seiner Blume. Nun konnte die Hexe nicht mehr zaubern. Er befreite mit der Blume Jorinde und die anderen Mädchen. Dann ging er mit seiner Liebsten nach Hause und sie lebten lange vergnügt zusammen.

nach den Brüdern Grimm

2. Lies und setze die Wörter passend ein.

verzaubert Wald Nachtigall Blume Schloss Traum

Die alte Hexe wohnt in einem ____________.

Das Schloss steht mitten in einem ____________.

Hundert Schritte um das Schloss herum ist alles ____________.

Die Hexe verwandelt Jorinde in eine ____________.

Ein ____________ zeigt Joringel den Weg zur Rettung.

Eine ____________ hilft Joringel, Jorinde zu erlösen.

3. Schreibe die Sätze mit richtiger Groß- und Kleinschreibung auf.

einmal gingen sie im wald spazieren.

____

er ging mit der blume zum schloss.

____

4. Kapitel: Szenische Texte

Vorbemerkung

Im literarischen Unterricht schlüpfen die meisten Kinder gern in eine Rolle. Bereits im zweiten Kapitel wurden Verse in Bewegung umgesetzt und pantomimisch dargestellt. Das szenische Spielen ist multimediales Handeln und verknüpft Sprache, Mimik, Gestik, Bewegung, Musik und Rhythmik. Zugleich werden Basiskompetenzen wie Lesen, Sprechen, Auswendiglernen und die Interaktion in einer Gruppe gefördert. Das freie Präsentieren stärkt das Selbstbewusstsein.

Lehrplanbezug

Deutsch

- auf Wortebene
  - den Wortschatz erweitern
  - mit Sprache spielen

- auf Satzebene
  - Satzzeichen und Sprechpausen beachten
  - Sätze zeilenübergreifend lesen
  - sinnverstehend lesen und Informationen entnehmen
  - innere Vorstellungen entwickeln (Kopfkino)

- auf Textebene
  - einen Text erschließen und Schlüsselwörter finden
  - die zentrale Aussage eines Textes erfassen
  - beim Dialog sinngestaltend vorlesen
  - zu einem Text Stellung nehmen
  - die eigene Rolle auswendig lernen
  - beim Spielen ein tieferes Verständnis für den Text gewinnen
  - Märchen und Fabeln kennenlernen

Sachunterricht

- angemessenes Verhalten bei einem Streit verinnerlichen
- heimische Wiesenblumen kennenlernen
- die Bedeutung des Waldes erkennen

Zu den Kopiervorlagen

Die beiden Ziegen

Fabeln sind kurze Geschichten, die Tiere in menschlichen Konfliktsituationen darstellen, die aus Schwächen wie Neid, Dummheit, Geiz oder Eitelkeit entstehen. Am Ende belehrt oft eine einfache Lebensregel (Moral), die demaskiert und wertet. Die Fabel des Arbeitsblatts zeigt den typischen vierteiligen Aufbau:

- Grundsituation: Zwei Ziegen begegnen sich auf einem schmalen Steg.
- Aktion: Eine Ziege fordert die andere auf, Platz zu machen.
- Reaktion: Die andere fordert das gleiche.
- Ergebnis: Beide ertrinken fast.

So stellt diese Fabel das unversöhnliche Beharren auf dem eigenen Standpunkt bildlich dar und regt dazu an, eigenes Verhalten zu reflektieren. Oft streiten sich Kinder über Kleinigkeiten wie den besseren Platz oder darüber, wer zuerst an der Reihe ist. Dann möchte keiner nachgeben. Nach dem Lesen der Fabel und Lösen der Aufgaben berichten die Kinder über Situationen, in denen ein anderer oder sie selbst unnachgiebig waren, und überlegen, wie sich durch Nachgeben eine schnellere sowie bessere Lösung erreichen ließe. Daran anknüpfend entwickeln sie Vorschläge für ein alternatives Ende der Fabel, z. B.: Die ältere Ziege sagt: „Der Klügere gibt nach. Darum geh du rüber. Ich kann warten. Ich habe Zeit." Sprachgewandte Kinder schreiben ein alternatives Ende auf oder auch eine andere kurze Szene, in der jemand nachgibt.

Um den Dialog der Kopiervorlage abschließend szenisch darstellen zu können, üben die Kinder zunächst in Dreiergruppen den Lesevortrag. Für eine Aufführung eignen sich auch Stabpuppen. Das kurze Stück kann dann mit dem tatsächlichen sowie dem alternativen Ende gezeigt werden. Zusätzlich können Sie eine reale Situation aus dem kindlichen Umfeld aufgreifen.

Lösung

Aufgabe 2:

a) Auf einem schmalen Steg über einem Bach begebenen sich zwei Ziegen.
b) Ich bin viel älter als du (...)
c) Ich war zuerst auf der Brücke.
d) Die Ziegen waren stur. – Durch den heftigen Stoß verloren beide das Gleichgewicht und stürzten von dem schmalen Steg in den reißenden Bach.

Aufgabe 3:

~~nachgiebig~~, ~~einsichtig~~, ~~freundlich~~

Aufgabe 4:

Eine Ziege hätte nachgeben müssen.

Albert Ludwig Grimm (geboren 1786 in Schluchtern, gestorben 1872 in Baden-Baden) war Schriftsteller, Pädagoge und Politiker. Nach dem Studium der Theologie und Philologie arbeitete er als Lehrer, später als Leiter des Pädagogiums in Weinheim. Von 1829 bis 1838 war er Bürgermeister in Weinheim sowie wiederholt Abgeordneter im Badischen Landtag. Er sammelte volkstümliche Überlieferungen und veröffentlichte unter anderem den Band „Kindermährchen".

KV Seite 63

Kasper und der Bienenstich

Die Kinder lesen den kurzen Dialog, der vom Wortspiel lebt (Bienenstich = Stich einer Biene und Blechkuchen aus Hefeteig) und sich besonders für das Spielen mit Handpuppen eignet. Für schnellere Leser steht ein Auftrag an der Tafel: Unterstreiche die Fragezeichen blau und die Ausrufezeichen grün. (Wenn bisher andere Farben verwendet wurden, werden diese beibehalten.) Nach dem Lesen werden die unterschiedlichen Satzmelodien wiederholt. Zu jeder Satzart lesen die Kinder mit entsprechender Stimme einige Beispiele aus dem Text vor. Aussagesatz: Die Stimme senkt sich am Satzende leicht. Fragesatz: Die Stimme hebt sich am Satzende. Ausrufesatz: Die Stimme fällt gegen Ende des Satzes stark ab, der Vortrag ist lauter und stärker betont.

Besprechen Sie bei der zweiten Aufgabe gemeinsam, welche Wörter besonders betont werden können beziehungsweise müssen.

Vor dem ersten Handpuppenspiel ist das Führen einer Puppe zu üben. Die Finger bewegen Kopf und Arme mit ruhigen, sparsamen Bewegungen wie in Zeitlupe. Dazu eignet sich ein Ratespiel mit dem Nachbarn: Ein Kind stützt den Ellenbogen auf den Tisch und bewegt seine Puppe. Der Partner rät, was die Puppe tut, z. B. nicken, winken, gehen, etwas hochheben. Für eine Puppenbühne stellen Sie zwei Schülertische Platte an Platte aufeinander, legen einen Stab oder ein Brett darüber und verkleiden die Bühne mit einer Decke oder einem Betttuch. Der Spieler hockt oder stellt sich dahinter, hält seine Puppe hoch und spricht. So kann mit verschiedenen Puppen geübt werden: „Ich bin …"

Dann üben die Kinder den Dialog mit ihrem Partner ein, zuerst ohne Handpuppen, dann mit den Figuren. In den folgenden Tagen spielt jedes Paar vor. Nach dem Spiel äußern sich zuerst selbstkritisch die Spieler („Ich sollte vielleicht …"), dann möglichst aufbauend die Zuschauer („Die Gretel hat schön betont. Der Kasper hat deutlich gesprochen …"). Dabei werden die Spieler mit ihrem Rollennamen angesprochen.

Weiterführende Anregung

Das Wort Bienenstich hat zwei verschiedene Bedeutungen. Sprachgewandte Kinder stellen weitere solcher Teekesselwörter (Homonyme) zusammen, z. B.: Ball (Spielball, Tanzveranstaltung), Bank (Geldinstitut, Sitzgelegenheit), Kiefer (Baum, Knochen im Gesicht).

KV Seite 64

Welche Wiesenblume bin ich?

Für eine Pflanzenausstellung und zum Erstellen einer Wiesenpflanzenkartei werden die genannten Pflanzen gesammelt und gegebenenfalls durch weitere ergänzt, z. B. durch Glockenblume, Gundermann, Kuckuckslichtnelke, Löwenzahn, Spitzwegerich, Taubnessel, Wiesensalbei, Wiesenkerbel, Wiesenschaumkraut, Wiesenstorchschnabel und Wiesenwitwenblume. Das Lösen der Rätsel kann mit ersten Recherchen im Internet kombiniert werden.

Die Kinder lernen ihre Rolle auswendig und stellen die Rätsel einer anderen Klasse oder den Eltern. Dabei tragen die Schüler ein T-Shirt in ihrer Blumenfarbe und zeigen nach dem Rätsel ein großes, eventuell selbst gemaltes Bild „ihrer" Blume.

Lösung

Aufgabe 2:

[3] Ehrenpreis [6] Klatschmohn [4] Rotklee
[2] Hahnenfuß [1] Margerite [5] Weißklee

KV Seite 65

Ein Ausflug in den Wald

Viele Kinder erzählen zu Hause nur wenig von der Schule. Leo kann deshalb als mitteilsames Vorbild dienen. Nach dem Lesen äußern sich die Kinder zum Text und berichten über eigene Walderfahrungen und die Umweltverschmutzung durch Müll. Sie betrachten die genannten Pflanzen, real oder im Bild. Anschließend üben sie das Lesen mit verteilten Rollen in Gruppen.

Leos Bericht über den Waldausflug regt zu einem eigenen Unterrichtsgang in diesen spannenden Lebensraum an. Dabei sind folgende Regeln zu beachten: Die Kinder dürfen im Wald nichts beschädigen, sie sollen im Wald leise sein (um die Tiere nicht zu stören), sie dürfen nichts in den Mund nehmen und ohne Erlaubnis keine Tiere anfassen sowie keine Pflanzen, Früchte oder anderen Dinge einsammeln. Weisen Sie unbedingt auf giftige Pflanzen (Bärenklau, Pfaffenhütchen) und auch Tiere (Eichenprozessionsspinner) hin. Die Kinder bleiben immer in Ihrer Sichtweite. Wenn Sie das Sammeln von Stöcken nicht gänzlich verbieten (Gefahr von Augenverletzungen), gilt: Stöcke werden auf dem Boden gesucht (nicht vom Baum gerissen) und sind nicht größer als man selbst. Pflanzen sind wie Tiere mit Respekt zu behandeln. Wenn wir kleine Tiere unter der Lupe betrachten, fangen wir sie vorsichtig und lassen sie hinterher wieder am Fundort frei. Alle Kinder tragen lange Hosen, Strümpfe und feste Schuhe. Vor dem Essen oder Trinken säubern sie ihre Hände mit Feuchttüchern. Vergessen Sie nicht das Erste-Hilfe-Set und eine Zeckenzange. Erkundigen Sie sich an Ihrer Schule, ob Sie ein von den Eltern unterschriebenes Einverständnis zum sofortigen Entfernen von Zecken brauchen.

Suchaufträge, die helfen, den Wald zu entdecken, lassen sich auf Karten an die Kinder verteilen. Beispiele für Suchaufgaben: Suche etwas Blaues / Gelbes / Rotes; etwas Glattes / Rauhes / Stacheliges; etwas Krummes / Gerades; verschiedene Blätter / Blüten / Früchte; etwas, was dir besonders auffällt. Dabei suchen die Kinder nur auf dem Weg durch den Wald oder in einem begrenzten Areal in Sichtweite der Aufsichtspersonen. Die Schüler sammeln ihre Fundstücke in einem Stoffbeutel zum Umhängen.

Lösung

Aufgabe 1:
die vielen Papiertaschentücher

Weiterführende Anregung

Gehen Sie weiterführend auf die Bedeutung des Waldes ein (siehe Infokasten rechts) und behandeln Sie auch die Fauna des Waldes: Welche kleinen Tiere leben im Wald? Warum sind sie so wichtig? (Auf dem Waldboden leben Ameisen, Asseln, Käfer, Schnecken und Würmer. Sie fressen und zerkleinern Blätter und Pflanzenteile und scheiden diese wieder aus. So bildet sich neue, fruchtbare Erde, der Humus.) Welche großen Tiere leben im Wald? Wovon ernähren sie sich? (Igel, Eichhörnchen, Eule, Feldhase, Fuchs, Habicht, Kuckuck, Marder, Reh, Specht, Uhu, Waldkauz, Wildkaninchen, Wildschwein. Sie ernähren sich von Blättern, Beeren, Früchten, Knospen, Nadeln, Nüssen und Samen oder von anderen Tieren.)

Unser Wald

Im Wald leben viele kleine und große Tiere. Hier finden sie Nahrung und Schutz. An den Blättern und Nadeln der Bäume sammelt sich der Staub aus der Luft. So reinigt der Wald die Luft. Der Wald schützt auch unser Klima. Denn er entzieht der Luft das schädliche Gas Kohlendioxid und liefert uns Sauerstoff. Das Holz braucht man zum Bauen von Häusern, zum Herstellen von Papier und zum Heizen. Außerdem speichert der Wald Wasser. Die Baumwurzeln halten die Erde fest. An einem Berg verhindern sie, dass starker Regen die Erde fortspült und der Hang abrutscht. Nicht zuletzt können wir Menschen uns im Wald erholen.

KV Seite 66/67

Hans im Glück

Die Geschichte um Hans wurde erstmals 1818 von August Wernicke unter dem Titel „Hans Wohlgemut" veröffentlicht und 1819 von den Brüdern Grimm in ihre „Kinder- und Hausmärchen" aufgenommen: Hans bekommt als Lohn einen wertvollen, aber schweren Goldklumpen. Auf dem Weg nach Hause tauscht er seinen Besitz mehrmals unbekümmert gegen Dinge von geringerem Wert ein, die ihm jedoch auch keine lange Freude bereiten. Sein letzter Besitz, ein Schleifstein, fällt in einen Brunnen, sodass Hans nichts mehr bleibt. Aus damaliger Sicht ist die Erzählung wohl vor allem ein Schwank über Hansens Dummheit: Das vermeintliche Glück ist eigentlich Unglück, denn die Menschen hauen Hans übers Ohr. Aus heutiger Sicht kann Hans dagegen klug erscheinen: Er befreit sich nach und nach von Besitz und Zwängen und findet Zufriedenheit. Dementsprechend kann die Geschichte unterschiedliche Lehren vermitteln: „Nur die Einfalt findet das Glück." – „Frei zu sein, ist mehr als Gut und Geld." – „Die Welt will betrogen sein." Vieles kann glücklich machen, aber kein Gut macht einen in jeder Hinsicht glücklich.

Der an die Tafel geschriebene Titel Hans im Glück fordert die Kinder zum Erzählen auf, bevor Sie den Text gemeinsam lesen. Anschließend tragen gute Leser die Zeilen mit verteilten Rollen vor, während die anderen still mitlesen.

Fordern Sie die Kinder zur Stellungnahme auf: Zuerst hatte Hans eine wertvolle Goldkugel, am Schluss gar nichts mehr. Was meinst du dazu? Vielleicht erkennen die Kinder: Wer viel hat, ist nicht automatisch glücklich.

Mit den Bildern können die Schüler den Schwank nacherzählen, ohne dabei den roten Faden zu verlieren. Nach mehrmaligem Vortragen stellen sie die Geschichte szenisch dar.

Lösung
Aufgabe 2:
Goldkugel – Pferd – Kuh – Schwein – Gans – Schleifstein – Brunnen

KV Seite 68

Ferien
Nach den Pfingst- oder Sommerferien erzählen die Kinder von ihren Aktivitäten und Erlebnissen. Anschließend lesen sie still die Berichte auf dem Arbeitsblatt. Malus Aussage (kein Geld für große Reisen) ermutigt Kinder mit ähnlicher Erfahrung zum Erzählen. Nach dem Lesen schreiben sie Stichpunkte für die Ich-Rolle auf und tragen den Text mit verteilten Rollen vor.

Lösung
Aufgabe 2:

David

Ben

Anna

Gregor

Weiterführende Anregung
Lassen Sie die Kinder ein Plakat erstellen: *Das kann ich in den Ferien zu Hause machen.*

Name: Datum:

Die beiden Ziegen

1. Lies den Text.

Erzähler *Auf einem schmalen Steg über einem Bach begegneten sich zwei Ziegen. Beide wollten auf die andere Seite.*

1. Ziege Geh mir aus dem Weg!

2. Ziege Geh du doch zurück und lass mich hinüber! Ich war zuerst auf der Brücke.

1. Ziege Was fällt dir ein? Ich bin viel älter als du und soll zurückgehen? Sei rücksichtsvoll! Du bist jünger, du musst nachgeben!

2. Ziege Ich soll dir weichen? Niemals!

Erzähler *Die Ziegen waren stur. Keine wollte zurückgehen, um die andere vorzulassen. Schließlich gingen sie zornig mit ihren Hörnern aufeinander los. Mitten auf dem Steg prallten sie zusammen. Durch den heftigen Stoß verloren beide das Gleichgewicht und stürzten von dem schmalen Steg in den reißenden Bach. Nur mit Mühe gelangten sie ans rettende Ufer.*

nach Albert Ludwig Grimm

2. Unterstreiche die passenden Stellen im Text mit verschiedenen Farben.

a) Warum können die Ziegen nicht aneinander vorbeigehen?
b) Warum meint die erste Ziege, dass sie zuerst gehen darf?
c) Warum meint die zweite Ziege, dass sie zuerst gehen darf?
d) Warum stürzen beide ins Wasser?

3. Welche drei Wörter passen nicht zu den Ziegen? Streiche sie durch.

stur eigensinnig störrisch nachgiebig
unnachgiebig einsichtig uneinsichtig
dickköpfig verbohrt freundlich

4. Wie hätten die Ziegen den Sturz vermeiden können? Schreibe auf.

Name: Datum:

Kasper und der Bienenstich

1. Lies und achte auf die Satzzeichen.

Schau mal, Kasper, hier hab ich einen Bienenstich!

Was, Gretel? Einen Bienenstich? O, du Ärmste! Lass mal sehen!

Nein, nein. Ich …

Ich hol dir gleich etwas zum Kühlen.
Ich hoffe, du bist nicht allergisch gegen Bienenstiche.
Sonst rufen wir besser den Notarzt.

Nein, Kasper. Danke für deine Fürsorge.
Aber mich hat keine Biene gestochen.
Ich hab einen leckeren Kuchen gebacken, einen Bienenstich.

Ach so … Dann gib mir bitte gleich ein Stück!
Lass uns den Kuchen mit dem lustigen Namen
gemütlich im Garten essen.

Gern. Wir müssen allerdings aufpassen,
dass sich keine Biene draufsetzt, sonst … Aua!

Aua? Aber was ist denn passiert?

Jetzt hab ich wirklich einen Bienenstich …

Nein, zwei!

2. Lies mit deinem Partner in verteilten Rollen.
Markiere vorher deine Rolle am Rand mit einem Strich.
Welche Wörter musst du betonen? Unterstreiche sie rot.

Name: Datum:

Welche Wiesenblume bin ich?

1. Lies den Text.

Blume 1 Meine Blüte ist wie ein Korb voll kleiner Blüten. In der Mitte sind gelbe Röhrenblüten. Um diese herum ranken sich weiße Zungenblüten.

Blume 2 Ich habe fünf leuchtend gelbe, glänzende Blütenblätter. Meine Laubblätter erinnern an einen Vogelfuß. Manche nennen mich auch Butterblume.

Blume 3 An meinen kurzen Stängeln sind mehrere kleine blaue Blüten. Manche nennen mich auch Männertreu.

Blume 4 Auf meinen Stängeln stehen rote oder rosa Blütenköpfe. Jeder Blütenkopf besteht aus vielen einzelnen Blüten. Meine Blätter sind in Dreiergruppen angeordnet und eher spitz.

Blume 5 Meine weißen Blütenköpfe bestehen aus vielen kleinen Blüten. Ich dufte nach Nektar. Auch meine Blätter bilden Dreiergruppen, sind aber weniger lang und nicht so spitz.

Blume 6 Am Ende jedes Stängels habe ich nur eine große rote Blüte. Die vier Blütenblätter sehen aus wie dünnes Papier. In der Mitte sind dunkle Staubgefäße. Der Wind schüttelt aus jeder Fruchtkapsel einige hundert dunkle Samenkörner. Viele essen diese Samen gerne auf Brötchen oder im Kuchen.

2. Male die Blüten in der richtigen Farbe an. Schreibe die Nummern dazu.

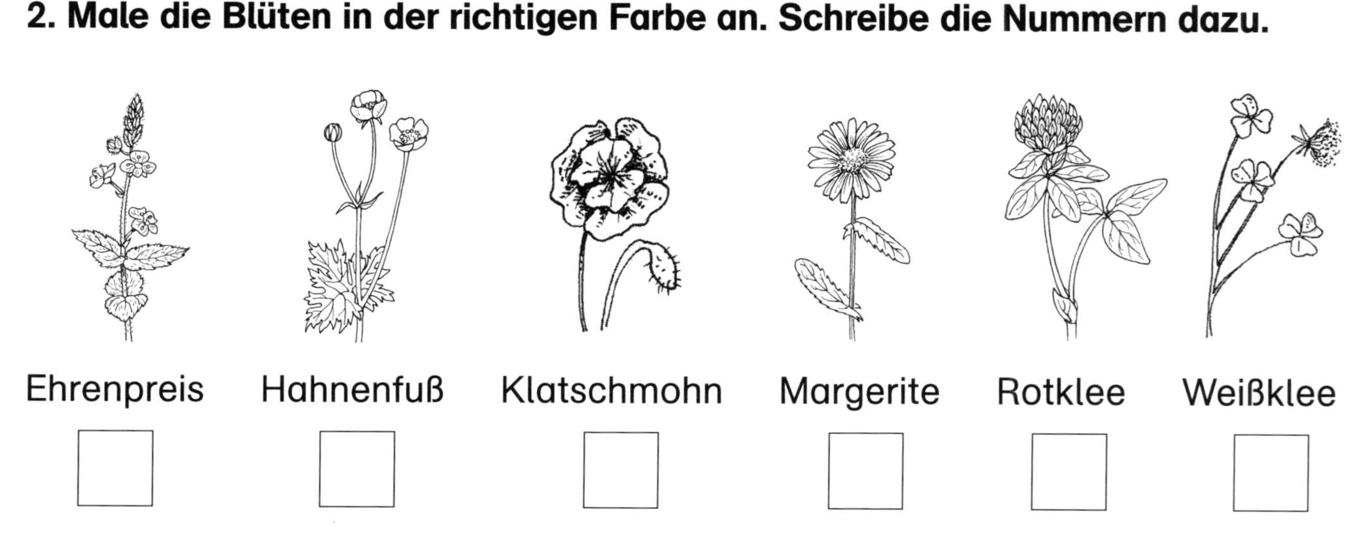

Name: Datum:

Ein Ausflug in den Wald

1. Lies. Unterstreiche, wovor sich Leo ekelt.

Leo Heute ist meine Klasse mit Frau Sommer in den Wald gelaufen.

Opa Wie lange habt ihr denn für den Marsch gebraucht?

Leo Ich schätze mal, so eine halbe Stunde.

Mama Hatte Frau Sommer denn keine Angst, dass ein Kind verloren geht?

Leo Wir durften nur so weit vorauslaufen, dass wir die Lehrerin noch sehen konnten. Aber jetzt lasst mich mal weitererzählen. Zuerst haben wir Bäumesuchen gespielt. Ich habe mir die Augen verbunden. Fabi und Leni haben mich zu einem Baum geführt, den ich umarmen musste. So konnte ich fühlen, wie dick der Stamm ist. Dann habe ich die Rinde abgetastet. Sie war ziemlich glatt. Leni hat mir ein Blatt in die Hand gelegt. Anschließend haben sie mich vom Baum weggeführt und ich sollte den Baum mit offenen Augen wiederfinden.

Mama Das war leicht. Immerhin wusstest du, dass es mit der glatten Rinde nur eine Buche sein konnte.

Leo Richtig. Dann bekamen wir Suchaufträge. Zuerst sollte meine Gruppe etwas Spitzes suchen. Ratet mal, was wir gefunden haben.

Opa Vielleicht eine Vogelfeder, einen Ast, Stein oder Knochen?

Leo Max hat sogar einen großen, rostigen Nagel gefunden. Als Nächstes sollten wir etwas Rundes suchen und dann etwas Weißes.

Mama Steine, Beeren und Kiefernzapfen können rund sein.

Opa Weiße Blüten wie vom Bärenklau oder vom Holunder fallen mir da ein.

Leo Leider haben wir viele Dinge gefunden, die nicht in den Wald gehören. Am ekligsten waren die ganzen Papiertaschentücher.

2. Welche Pflanzen kennst du? Schreibe auf.

Bäume:

Pflanzen mit weißen Blüten:

Name: Datum:

Hans im Glück (1)

1. Lies den Text.

Erzähler *Hans hatte sieben Jahre bei seinem Meister fleißig gearbeitet. Als Lohn bekam er eine Kugel aus Gold so groß wie sein Kopf. Er nahm sie auf die Schulter und machte sich auf den Weg nach Hause. Da kam ihm ein Reiter entgegen.*

Hans *(laut)* Ach, wie ist das Reiten schön!

Reiter Willst du tauschen? Nimm mein Pferd und gib mir deine Kugel.

Erzähler *Voller Freude ließ sich Hans auf den Handel ein und ritt weiter. Aber das Pferd lief immer schneller und warf Hans ab. Da kam ein Bauer mit einer Kuh daher.*

Hans *(laut)* Wie froh wäre ich, wenn ich so eine Kuh hätte!

Bauer Lass uns tauschen! Nimm meine Kuh und gib mir dafür dein Pferd.

Erzähler *Fröhlich trieb Hans nun seine Kuh vor sich her. Die Sonne brannte heiß und er bekam Durst. Hans wollte die Kuh melken. Doch das Tier gab ihm einen solchen Tritt, dass er umfiel. Ein Metzger mit einem Schwein kam vorbei. Er half Hans auf und gab ihm zu trinken.*

Metzger Lass uns tauschen! Nimm mein Schwein und gib mir deine Kuh.

Erzähler *Erfreut zog Hans mit dem Schwein weiter. Da traf er einen jungen Mann mit einer schönen weißen Gans.*

Mann Im Dorf wurde ein Schwein gestohlen. Alle suchen den Dieb. Bist du das?

Hans Niemals! Hilf mir! Nimm mein Schwein und gib mir deine Gans.

Erzähler *Der Mann nahm das Schwein und verschwand mit ihm. So ging Hans mit der Gans weiter. Im nächsten Dorf staunte Hans über einen Scherenschleifer. Fröhlich sang er bei seiner Arbeit.*

Name: Datum:

Hans im Glück (2)

Scheren-schleifer Magst du auch Scherenschleifer werden? Dann wirst du reich. Handwerk hat goldenen Boden. Nimm meinen Schleifstein und gib mir deine Gans.

Erzähler *Fröhlich zog Hans mit dem Schleifstein weiter. Bald aber wurde Hans müde und durstig. Er schleppte den Stein zu einem Brunnen und legte ihn auf den Rand. Als Hans sich zum Wasser beugte, plumpste der Stein hinunter. Voller Freude, den schweren Stein los zu sein, ging Hans nach Hause.*

nach den Brüdern Grimm

2. Verbinde die Rahmen in der richtigen Reihenfolge.

3. Erzähle das Märchen nach.

Name: Datum:

Ferien

1. Lies, was die Kinder der Klasse 2a von ihren Ferien erzählen.

Anna Ich war mit meinen Eltern in den Alpen. Wir sind mit einer Gondel auf einen hohen Berg gefahren. Oben haben wir eine lange Wanderung gemacht.

David Wir waren mit unserem Wohnwagen an der Nordsee. Das Wandern im Watt war spannend. Dort habe ich viele Muscheln gesammelt.

Ina Wir waren an der Ostsee. Ich bin oft im Meer geschwommen.

Simon Ja, Schwimmen ist herrlich. Wir waren an einem See. Da konnte ich auch viel schwimmen und mit meinem Papa angeln.

Ben Ich war in den Ferien auf einem Bauernhof. Da konnte ich auf einem Pony reiten. Und was hast du in den Ferien gemacht, Gregor?

Gregor Meine Eltern mussten beide arbeiten. Deshalb war ich bei meinen Großeltern.

Ben War das nicht schrecklich langweilig?

Gregor Nein, es war voll cool. Opa hat mit mir im Garten ein Zelt aufgebaut. Da durfte ich zusammen mit dem Nachbarsjungen zwei Nächte schlafen. Oft sind wir ins Schwimmbad gegangen. Und als es so heiß war, waren wir im kühlen Museum. Da konnte mir Opa stundenlang etwas zu den Sachen erzählen.

Malu Wir sind auch nicht weggefahren. Wir haben kein Geld für große Reisen. Doch wir waren auch häufig im Schwimmbad. Außerdem hab ich mein Zimmer aufgeräumt und gelernt. Das Einmaleins kann ich jetzt echt im Schlaf!

Ich ____________________

2. Wer hat was gemacht? Schreibe den passenden Namen darunter und male.

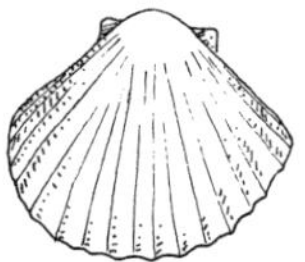

____________________ ich

5. Kapitel: Sachtexte

Vorbemerkung

Kinder brauchen Sachtexte zum Wissenserwerb, zum Auf- und Ausbau ihrer sprachlichen Kompetenz sowie zum Entwickeln kognitiver Fähigkeiten. Im ersten und zweiten Schuljahr stoßen die Schüler vor allem auf einfache Texte aus Sachkundebüchern und Kinderlexika. Das verstehende Lesen von Sachtexten setzt ein weitgehend müheloses Umsetzen von Schrift in inneres Sprechen und flüssiges Lesen voraus. Neben fachlichen Schwierigkeiten stellt diese Textform die Kinder oft auch vor sprachliche Herausforderungen, z. B. durch unbekannte Wörter oder einen komplizierten Satzbau. In den ersten beiden Jahrgangsstufen ist besonders darauf zu achten, dass Sachtexte inhaltlich und sprachlich nicht überfordern. Die folgenden Kopiervorlagen greifen Lehrplanthemen und Aspekte des Sommers auf und informieren altersgerecht über Phänomene und Zusammenhänge.

Lehrplanbezug

Deutsch

- auf Wortebene
  - den Wortschatz erweitern
  - in ähnlichen Texten gleiche Wörter erkennen

- auf Satzebene
  - gezielt Informationen entnehmen
  - Bilder und Sätze zuordnen
  - Sätze sinnvoll ergänzen
  - Fragen und Antworten zuordnen
  - Vermutungen und Beobachtungen unterscheiden
  - einfache Schlussfolgerungen ziehen

- auf Textebene
  - einen Text genau und sinnverstehend lesen
  - Informationen erfassen und Textstellen wiedergeben
  - einen Text mit eigenen Erfahrungen erweitern

Sachunterricht

- Sonnenwärme feststellen
- sich gesundheitsbewusst verhalten und Maßnahmen zum Sonnenschutz kennen
- die Baderegeln kennen und einhalten
- den Lebensraum Wiese kennenlernen
- die Schnecke kennenlernen
- heimische Sommerfrüchte unterscheiden
- Achtung und Verantwortung gegenüber Tieren und Pflanzen entwickeln

Zu den Kopiervorlagen

Was die Sonne kann

Die Sonne ist rund einhundertfünfzig Millionen Kilometer von der Erde entfernt. Dennoch hat sie so viel Kraft, dass sie uns wärmt und Leben auf der Erde überhaupt erst ermöglicht. Die Sonnenexperimente auf dem Arbeitsblatt wollen den Kindern diese Kraft anschaulich vermitteln. Für die Experimente brauchen Sie folgendes Material: Jeweils für die Hälfte der Kinder weiße und schwarze Tonpapierbögen, für jede Arbeitsgruppe ein Handtuch, ein Glas mit Eiswürfeln, ein weißes und ein schwarzes Tuch, eine dünne Kerze auf einem Suppenteller.

Zum Einstieg kündigen Sie das Thema an der Tafel an: *Was die Sonne kann.* Setzen Sie sich an einem nicht zu heißen Tag gemeinsam zum Gespräch auf dem Schulhof in die Sonne. Auf dem Weg in den Hof überlegen sich die Kinder, was sie zum Thema sagen wollen. Während des Gesprächs hält sich die eine Hälfte einen weißen Papierbogen über den Kopf, die andere Hälfte einen schwarzen. Nach etwa zehn Minuten befühlen die Kinder die Papierbögen und teilen ihre Beobachtungen mit. Zurück im Klassenzimmer lässt sich daraus die Erklärung ableiten: Das weiße Papier wirft einen Teil des Sonnenlichts zurück, das schwarze Papier „verschluckt" dagegen das Licht und wandelt es in Wärme um. Ziehen Sie gemeinsam Schlussfolgerungen, z. B.: Bei Hitze ziehe ich weiße oder helle Kleidung an, denn schwarze Kleidung lässt mich mehr schwitzen.

Teilen Sie das Arbeitsblatt gefaltet aus, sodass die zweite Aufgabe noch nicht lesbar ist. Nun bearbeiten die Kinder die erste Aufgabe, schreiben aufgrund ihres Erfahrungswissens ihre Vermutungen auf und teilen diese anschließend mit. Nach dem Durchführen der Versuche vergleichen die Kinder die Ergebnisse mit ihren Vermutungen und bearbeiten Aufgabe 2.

Lösung

Aufgabe 2:

[d)] Das Wachs wird weich. Die Kerze verbiegt sich.
[c)] Das schwarze Tuch ist wärmer als das weiße.
[a)] Das Handtuch wird trocken.
[b)] Die Eiswürfel schmelzen.

KV Seite 74

Vorsicht, Sonne!

Im Sommer schützt sich die Haut vor zu viel Sonne – sie wird braun. Das Melanin, der Farbstoff der Haut, hindert die schädliche UV-Strahlung daran, in tiefere Hautschichten einzudringen. Darum haben Bewohner heißer Länder ursprünglich eine dunklere Hautfarbe als Menschen in kühleren Regionen. Jene brauchen wiederum eine hellere Haut, um einem Vitamin-D-Mangel durch die geringere Sonneneinstrahlung vorzubeugen. Doch die Kraft der Sonne kann unserer Haut auch schaden, wenn wir uns nicht vor den unsichtbaren UV-Strahlen schützen. Ein kurzes Gespräch zeigt vermutlich, dass den meisten Kindern der Sonnenschutz bereits vertraut ist. Das Arbeitsblatt vertieft und festigt das vorhandene Wissen. Während die erste Aufgabe kurz die Gefahren durch zu viel Sonne zusammenfasst, leitet Aufgabe 2 die Kinder zum selbstständigen Sonnenschutz an. Nach dem Bearbeiten lesen die Kinder ihre Lösungen vor und vergleichen.

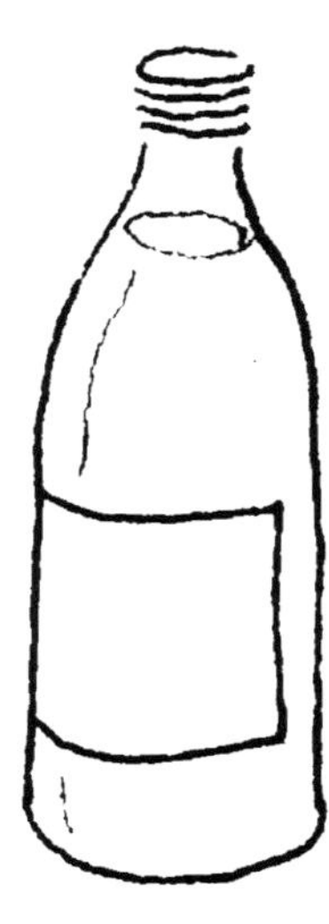

Lösung
Aufgabe 3:
Lösungswort: TRINKEN

Domino: Baderegeln

Die hier genannten Baderegeln sind vorwiegend positiv formuliert und beschreiben das erwünschte Verhalten. Nach dem Ausschneiden und Anlegen in Partner- oder Einzelarbeit lesen die Kinder die Baderegeln vor.

Ich bade nie allein.
Ich darf nur ins Wasser, wenn ich mich wohlfühle.
Ich schütze mich vor der Sonne mit Sonnencreme und Kappe.
Vor dem Baden kühle ich mich ab.
Nur wenn ich schwimmen kann, benutze ich eine Luftmatratze.
Nichtschwimmer gehen nur bis zum Bauch ins Wasser.
Ich springe nur, wenn das Wasser tief genug ist und dort niemand schwimmt.
Ich nehme Rücksicht: Ich stoße und tauche andere nicht und halte sie auch nicht fest.
Ich tue nichts, was ich nicht gut kann oder will: ins tiefe Wasser springen, tauchen oder zu weit hinausschwimmen.
Wenn ich friere oder ein Gewitter kommt, gehe ich sofort aus dem Wasser.
Ich darf nie um Hilfe rufen, wenn ich nicht wirklich in Not bin.
Wenn jemand in Not ist, bitte ich einen Erwachsenen um Hilfe.
Ich halte Wasser und Umgebung sauber.

Gegebenenfalls werden Fragen geklärt. Danach setzen die Kinder bei denjenigen Regeln einen Haken, die sie schon kannten, und lesen diese vor. Fragen Sie die Regeln zum Einprägen an den Folgetagen ab. Welche müssen sich insbesondere Nichtschwimmer merken?

Lösung
Lösungswort: SEEPFERDCHEN

Die Wiese

Nach dem Lesen des Textes und dem Bearbeiten der Aufgaben ordnen die Kinder an der Tafel oder auf dem Whiteboard Tierbilder in eine einfache Zeichnung mit Blumen und Gräsern ein und sprechen dazu: „Unter dem Boden im Keller lebt der Maulwurf."

Das Arbeitsblatt lässt sich gut mit den Seiten „Domino: Tiere auf der Wiese" (Seite 10), „Rätsel: Tiere auf der Wiese" (Seite 14) und „Welche Wiesenblume bin ich?" (Seite 64) kombinieren.

Lösung
Aufgabe 1:
(…) Im Dachgeschoss befinden sich die Gräser und Blüten. (…) Auf den Pflanzen im ersten Stock findest du Spinnen, Heuschrecken, Blattläuse und Marienkäfer. Das Erdgeschoss befindet sich auf dem Boden. (…) Unter dem Boden liegt der Keller. (…)

Aufgabe 2:
z. B. Dachgeschoss: Käfer
erster Stock: Spinne
Erdgeschoss: Ameise
Keller: Maulwurf

Aufgabe 3:
Eine Spinne wartet in ihrem Netz auf Beute. Ein Marienkäfer frisst Blattläuse. Bienen und Hummeln fliegen von Blüte zu Blüte und sammeln Pollen und Nektar.

Weiterführende Anregung
Ergänzend eignen sich die „6 Bildkarten für das Erzähltheater", die im Hase und Igel Verlag erschienen sind: „Die kleine Raupe entdeckt die Wiese" von Monika Burger und Wolfgang Slawski.

Schnecken beobachten
Wer über einen kurzen Zeitraum Schnecken zur Beobachtung im Klassenzimmer halten will, braucht folgende Materialien: Marmeladenglas mit Luftlöchern im Deckel (zum Einsammeln der Schnecken), Terrarium oder Box aus transparentem Kunststoff (Platzbedarf pro Schnecke ca. 2 Liter), als „Deckel" ein mit Klebeband fixiertes Fliegennetz, Kies als Drainage, Grassoden, feuchte Rindenstücke, Erde, Moos, Laub, Zweige, Äste sowie eine Küchenrolle zum Reinigen des Terrariums.

Zudem benötigen Sie Material für die Schneckenbeobachtung: Unterlagen (Karton), auf die man die Schnecken setzt; Glasscheiben, um die Schnecken beim Kriechen von unten zu beobachten; Lupen; Löffel und Teller für die Nahrung.

Bieten Sie den Schnecken folgende Nahrung an: Apfel, Gurke, Löwenzahn, rohe Stücke von Möhre und Zucchini, Salat. Schnecken, die dauerhaft im Terrarium leben, werden oft zusätzlich mit speziellen Kalkmischungen gefüttert.

Das Terrarium darf nicht in der Sonne stehen. Wässern Sie das Innere ein- bis zweimal täglich vorsichtig mit einer Sprühflasche ein, denn Schnecken benötigen ca. 90 % Luftfeuchtigkeit, um aktiv zu sein, bei 60 % und weniger verschließen sie ihr Gehäuse.

Beim Sammeln der Schnecken lernen die Kinder den natürlichen Lebensraum kennen. Da Schnecken nachtaktiv sind, findet man sie tagsüber an kühlen, feuchten Stellen oft unter Pflanzen verborgen. Jede Kleingruppe sucht eine Schnecke und setzt sie in das Marmeladenglas. Schnecken sind ortsgebunden. Deshalb werden alle Schnecken später wieder an ihrem Fundort ausgesetzt.

Für den verantwortungsvollen und umsichtigen Umgang mit den Tieren gelten folgende Regeln: Begegne der Schnecke achtsam. Fass die Schnecke vorsichtig an, damit ihr Gehäuse nicht zerbricht. Lass die Schnecke nicht fallen. Löse die Schnecke vorsichtig mit dem Finger von einer Unterlage und reiße sie nicht los. Ein zuverlässiger „Schneckendienst" entfernt täglich die Hinterlassenschaften der Schnecken und ersetzt alte Futterreste durch frisches Futter.

Lässt man die Schnecke über eine Plexiglasplatte kriechen, sieht man das rhythmische Zusammenziehen der Muskulatur und die wellenförmigen Bewegungen ihres Fußes. Der zähe Schleim schützt die Schnecke vor rauem Untergrund und lässt sie auch über scharfe Gegenstände kriechen. Mutige Kinder setzen die Schnecke achtsam auf ihren Arm.

KV Seite 77

Die Schnecke
Die Kopiervorlage lässt sich vor einer Schneckenbeobachtung (siehe Infokasten links) oder auch zwischendurch bearbeiten: Während in der Mitte eines Sitzkreises eine Schnecke auf einem großen Salatblatt herumkriecht, teilen die Kinder ihr Vorwissen zur Schnecke mit. Ein Kind setzt die Schnecke wieder ins Terrarium, während die restlichen Kinder beginnen, den Text zu lesen und die Aufgaben zu bearbeiten.

Mit den Informationen des Arbeitsblatts erarbeiten die Schüler gemeinsam einen Steckbrief an der Tafel, den Sie mit weiteren Informationen ergänzen. Anschließend nennen die Kinder weitere Fragen oder schreiben einen Text mit der Überschrift „Was ich noch über die Schnecke wissen möchte".

Lösung
Aufgabe 1:
[3] Kopf, [2] Kriechfuß, [6] Mund,
[7] Atemloch, [4] Fühler mit einem Auge,
[5] Fühler zum Tasten, [1] Gehäuse aus Kalk

Aufgabe 2:
Der Körper der Schnecke
Die Schnecke hat einen weichen Körper (...)

Schneckenkinder
Im Frühjahr legt die Schnecke kleine weiße (...)

Wozu hat die Schnecke ein Haus?
Den Kalk für ihr Gehäuse nimmt die Schnecke (...)

Weinbergschnecke
Klasse: Weichtiere
Alter: bis zu 30 Jahre, in der Natur aber selten älter als 8 Jahre
Aussehen: Kopf und Fuß erscheinen wie ein Stück. Sie besitzt zwei lange Augenfühler und zwei kurze Tastfühler, aber keine Ohren. Eine ledrige Haut schützt den Körper.
Schneckenhaus: Das harte Schneckenhaus besteht aus Kalk. Es schützt vor dem Austrocknen. Schnecken mit umgekehrter Schraubrichtung ihres Hauses nennt man Schneckenkönige (nur eine von mehreren Tausend).
Fortbewegung: Sie zieht ihre Muskeln zusammen und lockert sie wieder. So gleitet sie auf dem Schleim, der aus ihrem Fuß kommt.
Nahrung: Pflanzen

Verhalten: Schnecken meiden die Sonne. Sie sind nachtaktiv, bei Regen auch tagaktiv.
Lebensraum: Wald, feuchte Wiese
Vermehrung: Sie legt bis zu sechzig weiße Eier.
Fortpflanzung: Schnecken sind Zwittertiere. Um sich fortpflanzen zu können, brauchen sie jedoch einen Partner.
natürliche Feinde: Frösche, Säugetiere (Igel, Spitzmäuse), Vögel

Sommerfrüchte

Die Früchte werden im Klassenzimmer mit Namensschildern ausgestellt: Erdbeeren, Heidelbeeren, Himbeeren, Kirschen. Falls Sie bei einem Unterrichtsgang Beeren pflücken wollen, achten Sie darauf, nur die oberen Beeren zu pflücken, um nicht versehentlich Früchte mit Eiern des Fuchsbandwurms zu erwischen.

Die Kinder lesen die beiden erfrischenden Rezepte für heiße Sommertage und zählen die Handlungsschritte mit eigenen Worten auf. Vor dem Zubereiten der Eiswürfel und vor dem Essen waschen sie sich die Hände.

Lösung

Aufgabe 1:

Frucht-Eiswürfel	Erdbeereis
Gefrierzeit: mindestens vier Stunden Küchengeräte: Kanne mit Wasser, mehrere Eiswürfelschalen, Tiefkühltruhe Zutaten: Obststücke verschiedener Sorten, pro Eiswürfelkammer eines, z. B. Erdbeeren, Heidelbeeren, Himbeeren, Kirschen ohne Stein. Zubereitung: Das Obst waschen. In jede Kammer der Eiswürfelschalen ein Stück Obst legen und vorsichtig Wasser hineingießen. Die Eiswürfelschalen in die Tiefkühltruhe stellen.	Gefrierzeit: mindestens vier Stunden Küchengeräte: Schüssel, Gabel oder Mixer, mehrere Eiswürfelschalen, Tiefkühltruhe Zutaten für etwa zehn Portionen: 500 g Erdbeeren Zubereitung: Die Erdbeeren waschen und die Stiele entfernen. Die Erdbeeren in einer Schüssel mit einer Gabel oder im Mixer pürieren. Das Erdbeermus in die Eiswürfelschalen füllen. Die Eiswürfelschalen in die Tiefkühltruhe stellen.

KV Seite 79/80

Sommerquiz

Die Quizfragen lassen sich allein durch genaues Lesen und Mitdenken lösen. So kann das Quiz entweder zu Sommerbeginn als Vorschau, zu Sommerende als Rückschau oder auch zwischendurch eingesetzt werden. Differenzierung: Kinder der ersten Klasse spielen nur mit fünf bis zehn Kartenpaaren. Vor dem Ausschneiden lesen die Kinder Fragen und Antworten für sich und klären anschließend mögliche Verständnisprobleme. Nach dem Spielen kleben die Kinder die Karten paarweise in ihr Heft.

Partnerspiel 1 (vor dem Ausschneiden): Ein Kind liest eine Frage, der Partner liest die Antwort vor und stellt eine neue Frage. Keine Frage soll wiederholt werden.

Partnerspiel 2 (nach dem Ausschneiden): Frage- und Antwortkarten liegen verdeckt in zwei Stößen vor den Kindern. Abwechselnd deckt jedes Kind eine Frage und eine Antwort auf und legt sie offen auf den Tisch. Wer sieht, dass Frage und Antwort zusammenpassen, sagt „Paar!" und nimmt sich die Karten. Passen die Karten nicht zusammen, bleiben sie offen liegen und es werden zwei neue aufgedeckt. So wird die Wahrscheinlichkeit, Paare zu finden, immer größer. Wer am Ende den höchsten Kartenstoß hat, gewinnt.

Gruppenspiel (für vier bis sechs Kinder): Ein Kind hat einen verdeckten Kartenstoß mit Fragen vor sich. Die Antworten liegen offen aus. Die anderen Kinder haben keine Karten. Das Kind mit den Fragekarten hebt eine Karte ab und liest sie vor. Wer am schnellsten die richtige Antwortkarte findet, darf sie nehmen und vorlesen. Wer am Ende die meisten Karten hat, gewinnt.

Lösung

Wann beginnt der Sommer? – Der Sommer beginnt (...)
Warum ist der Sommerbeginn (...)? – Weil dieser Tag (...)
Wie heißen die drei (...)? – Juni, Juli und (...)
Wozu hat die Schnecke (...)? – Das Haus schützt sie (...)
Warum sind manche (...)? – Die leuchtenden (...)
Wie kann ein Maulwurf (...)? – Ein Maulwurf ist fast (...)
Worauf musst du bei (...)? – Ich muss Rücksicht auf (...)
Warum gibt es giftige (...)? – Das Gift in Früchten (...)
Warum kann eine Schnecke (...)? – Aus ihrem Fuß (...)
Welche Früchte können (...)? – z. B. Aprikosen (...)
Wie können Pflanzen (...)? – Der Wind bläst sie (...)
Wie viele Bienen müssen (...)? – Sechs Bienen (...)
Warum fressen Vögel keine (...)? – Der Käfer (...)
Warum kommt der (...)? – Bei Regen füllen sich (...)
Wie findet eine Biene (...)? – Zuerst fliegt sie um den (...)

Name: Datum:

Was die Sonne kann

1. Was passiert? Schreibe deine Vermutung auf.

a) Ich hänge ein nasses Handtuch eine Stunde in die Sonne.

Ich vermute:

b) Ich fülle Eiswürfel in ein Glas und stelle das Glas in die Sonne.

Ich vermute:

c) Ich lege ein weißes und ein schwarzes Tuch zwanzig Minuten in die Sonne.

Ich vermute:

d) Ich stelle eine dünne, nicht brennende Kerze eine Stunde in die Sonne.

Ich vermute:

2. Schreibe zu jeder Beobachtung den passenden Buchstaben von oben.

☐ Das Wachs wird weich. Die Kerze verbiegt sich.

☐ Das schwarze Tuch ist wärmer als das weiße.

☐ Das Handtuch wird trocken.

☐ Die Eiswürfel schmelzen.

An hellen Farben prallen die Sonnenstrahlen ab.

Dunkle Farben speichern die Sonnenwärme.

Name: Datum:

Vorsicht, Sonne!

1. Warum ist Sonnenschutz so wichtig? Lies.

Wer nach dem Sonnen eine rote, schmerzende Haut bekommt, hat einen Sonnenbrand. Dieser schadet der Haut. Bei einem Sonnenstich quälen einen starke Kopfschmerzen und Übelkeit. Das passiert, wenn man zu lange in der prallen Sonne unterwegs ist. Zwischen 11 und 16 Uhr ist die Sonne am stärksten.

2. Was passt zusammen? Nummeriere.

1			Bei Hitze muss ich viel trinken. Wasser löscht den Durst besser als Saft oder gar Limonade.	N
2			Eine Sonnenbrille schützt meine Augen. Auch mit Brille darf ich nie direkt in die Sonne schauen.	NK
3		1	Schatten schützt mich vor der prallen Sonne.	T
4			Ein T-Shirt schützt meine Haut.	E
5			Eine Schirmmütze schützt meinen Kopf.	I
6			Sonnencreme schützt die Haut vor einem Sonnenbrand. Auch vor und nach dem Baden creme ich mich ein.	R

3. Trage das Lösungswort ein.

Auch wenn es bewölkt ist, musst du dich schützen!

Lösungswort: ___ ___ ___ ___ ___ ___
1 2 3 4 5 6

Domino: Baderegeln

✂

mit Sonnencreme und Kappe.	Vor dem Baden **E**	wenn ich mich wohlfühle.	Ich schütze mich vor der Sonne **E**
START Ich bade nie allein.	Ich darf nur ins Wasser, **S**	kühle ich mich ab.	Nur wenn ich schwimmen kann, **P**
benutze ich eine Luftmatratze.	Nichtschwimmer gehen nur bis zum **F**	Ich stoße und tauche andere nicht und halte sie auch nicht fest.	Ich tue nichts, was ich nicht gut kann oder will: **D**
wenn ich nicht wirklich in Not bin.	Wenn jemand in Not ist, **E**	gehe ich sofort aus dem Wasser.	Ich darf nie um Hilfe rufen, **H**
genug ist und dort niemand schwimmt.	Ich nehme Rücksicht: **R**	Bauch ins Wasser.	Ich springe nur, wenn das Wasser tief **E**
ins tiefe Wasser springen, tauchen oder zu weit hinaus-schwimmen.	Wenn ich friere oder ein Gewitter kommt, **C**	bitte ich einen Erwachsenen um Hilfe.	Ich halte Wasser und Umgebung sauber. **ENDE** **N**

Name: Datum:

Die Wiese

1. Lies und unterstreiche die vier Stockwerke.

Die Wiese ist wie ein Haus aufgebaut: Im Dachgeschoss befinden sich die Gräser und Blüten. Hier kannst du Käfer, Bienen, Hummeln, Schwebfliegen und Schmetterlinge beobachten. Auf den Pflanzen im ersten Stock findest du Spinnen, Heuschrecken, Blattläuse und Marienkäfer. Das Erdgeschoss befindet sich auf dem Boden. Hier sind Ameisen, Asseln, die Spitzmaus und die Schnecke unterwegs. Unter dem Boden liegt der Keller. Hier leben der Maulwurf, der Regenwurm und die Feldmaus.

aus: Monika Burger, Die kleine Raupe entdeckt die Wiese, Hase und Igel Verlag, München 2010

2. Trage in jedes Stockwerk ein Tier ein, das darin lebt.

Dachgeschoss: ______

erster Stock: ______

Erdgeschoss: ______

Keller: ______

3. Lies und trage das passende Tier ein.

Marienkäfer Bienen Spinne Hummeln

Eine ______ wartet in ihrem Netz auf Beute.

Ein ______ frisst Blattläuse.

______ und ______ fliegen von Blüte zu Blüte und sammeln Pollen und Nektar.

Name: Datum:

Die Schnecke

1. Ordne die Bildnummern zu. Trage sie passend in die Kästchen ein.

☐ Kopf ☐ Kriechfuß ☐ Mund ☐ Atemloch

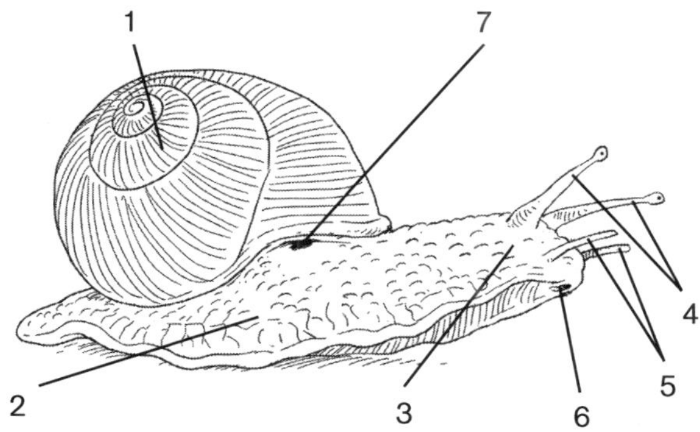

☐ Fühler mit einem Auge ☐ Fühler zum Tasten ☐ Gehäuse aus Kalk

2. Schreibe zu jedem Abschnitt die passende Überschrift.

Wozu hat die Schnecke ein Haus? Der Körper der Schnecke Schneckenkinder

Die Schnecke hat einen weichen Körper ohne Knochen. Sie gehört zu den Weichtieren. Beim Kriechen kommt Schleim aus ihrem Körper. Auf ihm rutscht die Schnecke vorwärts. Auf ihrer Zunge sind winzige Zähnchen. Mit dieser Raspelzunge reibt sie Pflanzenteile ab.

Im Frühjahr legt die Schnecke kleine weiße Eier. Aus ihnen schlüpfen die jungen Schnecken. Ihr Haus ist durchsichtig und nur so groß wie der Kopf einer Stecknadel. Sie sind sofort selbstständig und suchen sich ihre Nahrung allein. Nach etwa drei Jahren sind sie erwachsen. Sie können etwa acht Jahre alt werden.

Den Kalk für ihr Gehäuse nimmt die Schnecke mit ihrer Nahrung auf. Das Haus schützt sie vor Feinden und vor dem Austrocknen. Herz, Lunge, Nieren und Magen liegen darin geschützt. Das Haus wächst mit der Schnecke. Wenn es beschädigt wird, kann sie es reparieren. Im Winter verschließt sie ihr Haus mit einem Kalkdeckel und fällt in Winterstarre.

Name: Datum:

Sommerfrüchte

1. Was ist in den beiden Rezepten gleich? Unterstreiche.

Frucht-Eiswürfel

Gefrierzeit:
mindestens vier Stunden

Küchengeräte:
Kanne mit Wasser, mehrere Eiswürfelschalen, Tiefkühltruhe

Zutaten:
Obststücke verschiedener Sorten, pro Eiswürfelkammer eines, z. B. Erdbeeren, Heidelbeeren, Himbeeren, Kirschen ohne Stein.

Zubereitung:
Das Obst waschen. In jede Kammer der Eiswürfelschalen ein Stück Obst legen und vorsichtig Wasser hineingießen. Die Eiswürfelschalen in die Tiefkühltruhe stellen.

Erdbeereis

Gefrierzeit:
mindestens vier Stunden

Küchengeräte:
Schüssel, Gabel oder Mixer, mehrere Eiswürfelschalen, Tiefkühltruhe

Zutaten für etwa zehn Portionen:
500 g Erdbeeren

Zubereitung:
Die Erdbeeren waschen und die Stiele entfernen. Die Erdbeeren in einer Schüssel mit einer Gabel oder im Mixer pürieren. Das Erdbeermus in die Eiswürfelschalen füllen. Die Eiswürfelschalen in die Tiefkühltruhe stellen.

**2. Bereite die Frucht-Eiswürfel und das Erdbeereis zu und lass es dir schmecken.
Was schmeckt dir besser? Male ☺ zum Rezept.**

Sommerquiz (1)

✂

Wann beginnt der Sommer? 	Warum ist der Sommerbeginn ein besonderer Tag?	Wie heißen die drei Sommermonate? Wie viele Tage haben diese Monate jeweils?
Wozu hat die Schnecke ein Haus?	Warum sind manche Schmetterlinge so bunt? 	Wie kann ein Maulwurf unter der Erde sehen?
Worauf musst du bei einem Waldbesuch achten?	Warum gibt es giftige Pflanzen?	Warum kann eine Schnecke sogar über Glassplitter kriechen? 
Welche Früchte können wir im Sommer ernten? Nenne mindestens drei.	Wie können Pflanzen ihre Samen verbreiten? 	Wie viele Bienen müssen ungefähr für einen Teelöffel Honig eine Woche lang Nektar sammeln?
Warum fressen Vögel keine roten Marienkäfer?	Warum kommt der Regenwurm bei Regen nach oben auf die Erde? 	Wie findet eine Biene den Weg zurück zum Bienenstock?

Sommerquiz (2)

Das Gift in Früchten und Blättern schützt die Pflanzen. Tiere und Menschen essen sie nicht.	z. B. Aprikosen, Erdbeeren, Himbeeren, Johannisbeeren, Kirschen, Pfirsiche, Stachelbeeren	Aus ihrem Fuß kommt Schleim. Er schützt sie vor einer Verletzung.
Zuerst fliegt sie um den Stock und merkt sich alles, was sie sieht. Später orientiert sie sich am Licht der Sonne.	Sechs Bienen müssen dafür ungefähr eine Woche lang Nektar sammeln.	Der Sommer beginnt nach dem Kalender am 20. oder 21. Juni, für die Wetterforscher am 1. Juni.
Ein Maulwurf ist fast blind. Er sieht nur hell und dunkel. Doch mit seiner Nase kann er andere Tiere schon von Weitem riechen.	Weil dieser Tag der längste Tag des Jahres ist.	Das Haus schützt sie vor Fressfeinden und vor dem Austrocknen.
Bei Regen füllen sich seine Gänge mit Wasser und er könnte ertrinken.	Der Käfer schmeckt bitter und ist für Vögel giftig. Die rote Farbe des Käfers warnt vor dem Gift.	Ich muss Rücksicht auf Pflanzen und Tiere nehmen. Ich muss meinen Abfall mitnehmen.
Der Wind bläst sie weit weg. Oder Tiere fressen die Beeren und scheiden die Samen dann irgendwo aus.	Die leuchtenden Schuppen auf den Flügeln schützen die Tiere vor ihren Feinden, den Vögeln.	Juni, Juli und August. Der Juni hat dreißig Tage. Juli und August haben einunddreißig Tage.

